Minerva Shobo Librairie

未来をひらく男女共同参画

ジェンダーの視点から

西岡正子 [編著]

ミネルヴァ書房

はじめに

　『未来をひらく男女共同参画―ジェンダーの視点から―』は，読者の皆さんとともに男女共同参画社会を創っていきたいという希望のもとに作られた。
　世界人権宣言を始点として，20世紀半ばから，人権の尊重と両性の平等，さらには個人の能力を十全に発達させる社会を目指す世界規模の動きが展開されてきた。日本も国連の動きと軌を一にして，男女が平等である社会に向けて歩み続けてきた。しかしながら，現在世界の国々の中でも日本という国は，教育や社会参画に関して女性と男性の格差が大きい国の一つなのである。個人の人権としてはもとより，このままでは国として立ち行かなくなることが危惧され，男女共同参画社会への移行が緊要な課題となっているのである。
　この国の男女共同参画は，遅々として進まない。文化，歴史，教育，法律等々が多元的，重層的に，その促進を阻んでいるのである。その解決は一筋縄ではいかない。
　この書物は単に実態を並べるのではなく，読者の皆さんに，実態を見，その対策を考えていただくことを期待している。各章の内容は，すでに出版されているテキストと比較して異色といえるかもしれない。各章の執筆担当者が，それぞれの専門分野を披瀝するのではなく，課題に的を絞り執筆したものである。したがって，すべての章に執筆者の熱い思いが反映されているのではないかと自負している。また，コラムを入れて別の角度からの検討を加えた。特にジェンダーと職業に関してはコラムのみで構成し，様々な角度からの考察を試みた。
　第1章を読まれた方は，『未来をひらく男女共同参画―ジェンダーの視点から―』というタイトルに疑念をもたれるかもしれない。従来どおりの男女という表現を改めた方が良いと思われるかもしれない。どの章においても，今まで当たり前に思っていたことに対して疑念が生まれることを期待している。
　Daniel D. Platt は *Five Perspectives on Teaching in Adult and Higher Education*（Krieger Publishing Company, 1998）において，5つの学習パターン

を示している。その内の Transmission Perspective（伝達型）は，知識の伝達を主とし，教える側である教師中心学習である。学習者の知識量の変化を期待するものである。それに対して，近年展開されている Developmental Perspective（開発型）は，考え方の"質の変化"を期待するものであり，個々の学習者が主体的に学ぶ学習者中心学習である。学習者自らが課題を見つけ対処していくものである。人々がより幸せになる，より良い社会を築くためには，多くの方々の Developmental Perspective による学習が求められる。それなくしては，男女共同参画社会を創ることはできないであろう。この本が，課題を見つけ，対処していく一助となることを願う次第である。

　これまで男女共同参画社会創りに貢献してこられた先人に敬意を表すとともに，これからの社会を築く人々に，タイトルにある未来をひらく男女共同参画社会を創生していただくことを期待する。

　石本奈都子氏には編集・校正に力を注いでいただいた。ミネルヴァ書房の浅井久仁人氏には，貴重なご助言，ご示唆をいただいた。心より感謝申し上げる。

　　　　　　　　　　　　　　　　　　　　　　　　　　　西岡正子

未来をひらく男女共同参画　目　次

はじめに

第1章　ジェンダーの概念とセクシュアリティ……………………… 1
　1　ジェンダーとは何か？…………………………………………… 1
　2　人は生物学的に「女性／男性」に二分されているのだろうか？……… 3
　3　私たちはなぜ自分自身のことを「女性／男性」と
　　　思っているのであろうか？……………………………………… 6
　4　私たちはなぜ逆の性の人を好きになるのだろうか？………… 10
　5　性の多様性とジェンダー ……………………………………… 13
　6　なぜ「男は仕事，女は家庭」なのか？………………………… 14
　7　なぜ恋愛は異性間だけなのか？………………………………… 17
　8　ジェンダー問題の解決に向けて ……………………………… 19

第2章　ジェンダーと歴史 ………………………………………… 24
　1　近世期の出生制限と「家」…………………………………… 24
　2　近代国家による母親の管理と活用 …………………………… 31
　3　選択的に産む・産ませる戦後 ………………………………… 36
　4　生殖の歴史とジェンダー ……………………………………… 43

第3章　ジェンダーと法律 ………………………………………… 49
　1　性と性平等 ……………………………………………………… 49
　2　性暴力とジェンダー・バイアス ……………………………… 52
　3　命の値段のジェンダー・バイアス …………………………… 57
　4　価値のジェンダー・バイアス ………………………………… 66
　5　ジェンダーの視点で法を生きる ……………………………… 70

第4章　ジェンダーと家族 …………………………………… 76
  1 恋愛結婚とジェンダー ………………………………… *76*
  2 離婚とジェンダー …………………………………… *85*
  3 介護とジェンダー …………………………………… *91*
  4 家族はどこに向かうのか …………………………… *94*

第5章　ジェンダーと教育 ………………………………… 100
  1 女性の人権と教育 …………………………………… *100*
  2 性別特性論と教育――家庭科にみる女性像 ……… *103*
  3 教科書にみるジェンダーと教育 …………………… *108*
  4 ヒドゥンカリキュラム ……………………………… *115*
  5 社会全体の目標としてのジェンダー平等教育 …… *118*

第6章　ジェンダーとワーク・ライフ・バランス ……… 128
  1 「ワーク・ライフ・バランス」の登場 ……………… *128*
  2 WLB に対する意識 ………………………………… *131*
  3 生活時間からみる WLB の実態 …………………… *132*
  4 生活時間と母親・父親の子育て …………………… *140*
  5 ワーク・ライフ・バランス実現への道程 ………… *144*

第7章　ジェンダーとメディア …………………………… 153
  1 メディアと記号 ……………………………………… *153*
  2 メディアの発達とジェンダー表象 ………………… *156*
  3 広告の中のジェンダー ……………………………… *159*
  4 メディア・リテラシー ……………………………… *166*

年　表　男女共同参画社会への歩み

索　引

目　次

コラム
1　ジェンダー概念の来歴をたどる……………………………………… 23
2　スポーツにおける女性参加の歴史…………………………………… 47
3　夫婦別氏の法改正について…………………………………………… 74
4　高齢者の介護からみる選択と自立…………………………………… 99
5　女性のキャリアを広げる教育——カナダ・カルガリー大学の実践……… 127
6　地域活動とジェンダー………………………………………………… 152
7　アメリカのニュー・フェミニズム運動とメディア………………… 169
8　「職業」男女平等教育に関わる実践事例……………………………… 170
9　「職業」男女共同参画社会と女性の労働力率………………………… 172
10　「職業」賃金格差と家庭責任………………………………………… 174
11　「職業」男女雇用機会均等法の成果と課題………………………… 176
12　「職業」子どもをもつ女性と職業…………………………………… 178
13　「職業」性別と職業——職業選択の自由をめぐって……………… 180

執筆者紹介（執筆担当，執筆順）

大束 貢生（おおつか・たかお，佛教大学社会学部准教授）第1章

伏見 裕子（ふしみ・ゆうこ，大阪府立大学工業高等専門学校講師）第2章，コラム12

小林 史明（こばやし・ふみあき，明治大学法学部講師）第3章，コラム13

松田 智子（まつだ・ともこ，佛教大学社会学部教授）第4章，コラム11

西岡 正子（にしおか・しょうこ，編著者，佛教大学名誉教授）第5章，コラム5・9

斧出 節子（おので・せつこ，京都華頂大学現代家政学部教授）第6章，コラム10

山本 桂子（やまもと・けいこ，佛教大学非常勤講師）第7章

コラム執筆者（執筆担当，執筆順，所属等は執筆時）

齋藤 圭介（さいとう・けいすけ，明治大学研究知財・戦略機構客員研究員）コラム1

金田 啓稔（かねだ・ひらとし，大阪電気通信大学人間科学研究センター教授）コラム2

関口 礼子（せきぐち・れいこ，日本の社会研究所 代表）コラム3

橋本 仁美（はしもと・ひとみ，（株）セーフセクション アシスタント職）コラム4

久保田真由美（くぼた・まゆみ，京都市学校問題解決支援委員会委員）コラム6

伊勢村紀久子（いせむら・きくこ，（公財）宇治市文化センター副理事長）コラム7

伊倉 剛（いくら・ごう，国立教育政策研究所教育課程研究センター研究開発課事務官）コラム8

第1章

ジェンダーの概念とセクシュアリティ

　　本章では，ジェンダーの概念規定，そして特にジェンダーと身体的な性との関係について，提示することを目的とする。私たちは「からだの性に従い，自分を「女性／男性」と思い，逆の性を好きになる」と思い込んでいるが，これはどの程度正しいのだろうか。「からだの性」「こころの性」「好きになる対象」の説明から，性の多様性とジェンダーの関係を展開する。次にこうしたジェンダー問題が誰によって作り出されたのかについて，「男性中心社会」「性別役割分業」「女性嫌悪」「異性愛主義」「同性愛嫌悪」という用語を使い説明を行う。最後に，こうしたジェンダー問題を変革するための方法について検討したい。

1　ジェンダーとは何か？

　ジェンダー概念について説明するにあたり，まず，ジェンダーの定義を説明しておきたい。ジェンダー（gender）とは「社会的性差」と訳されている。それは最も広い意味では「性に関する社会のしくみ」と捉えてもいいであろう。
　もともとジェンダーは「文法上の性」を表す用語である。「文法上の性」とは，言語によって名詞が「女性」や「男性」などと決まっているということである。たとえば，フランス語ではあらゆる名詞は「女性」か「男性」かが決められている。太陽は「男性」，月は「女性」というように。太陽や月だと何となく理解できそうであるが，机は「女性」，椅子は「男性」などになると想像がつかなくなる。だから名詞が出てくるごとに「女性」なのか「男性」なのかを覚える必要が出てくる。さらにドイツ語では「女性」「男性」に加えて「中

性」と3つの性がある。さらに興味深いのはドイツ語では太陽は「女性」，月は「男性」，机や椅子は「中性」とフランス語と異なっている。つまりその言語が使用されている社会では当たり前のこととされているが，合理的な説明ができない名詞の性を「ジェンダー」と呼んでいるのだ。

　この「文法上の性」を社会の中にある「女性」と「男性」のありさまに転用して「ジェンダー」と呼ぶようになった。だから，その社会の中では当たり前のように感じられている「女性」と「男性」との違いをジェンダーと呼んでいる。このジェンダーには，「女の生き方／男の生き方」という私たちの価値観のレベルでの問題と，「女らしさ／男らしさ」という私たちの性格やキャラクターレベルでの問題がある。

　「女の生き方／男の生き方」とは私たちの社会では「性によって求められる生き方が異なる」ことである。今日大部分の女性が，男性と同じく最終学年になると就職活動を行い社会人となることが当たり前とされている。しかし結婚・出産・育児といったライフイベントの際に仕事を継続するか退職するかの選択を迫られるのは大部分が女性である。また結婚せずに仕事を継続し経済的に成功した女性であっても「女としては幸せではない」と世間の人びとが考えているのは，「女の幸せ」が「経済的成功」ではなく「結婚して子どもを育てること」と考えられているからである。

　一方男性にも同じようなことが当てはまるのであろうか。そもそも「女の幸せ」に換わる「男の幸せ」という言葉はない。「男子の本懐」という言葉があるが，それは「結婚して子育てをする」ことではなく「経済的に成功するかどうか」によって決められる。このように性によって社会の中で求められている生き方が異なることがジェンダーの意味するところであり，それゆえジェンダーは「性に関する社会のしくみ」と考えられる。

　こうしたジェンダーに関係する用語として「生物学的性別」であるセックス (sex) がある。セックスとは外性器・内性器の形状，あるいは染色体の形状と狭義には捉えられる。セックスは生得要因であり，ジェンダーは獲得要因である。一般的にはこのセックスが女性と男性に二分化されていることによって，女性と男性の性格・らしさ・生き方，すなわちジェンダーが異なると考えられ

ている。つまり，セックスがジェンダーを規定すると考えられている。こうした考え方を「性別二分法」「性別特性論」というが，はたして本当にセックスとしての性は二分化されているのであろうか。

私たちは「セックス（生物学的性別）に従い，自分を「女性／男性」と思い，逆の性を好きになる」と思い込んでいるが，このことがどの程度まで正しくどの程度まで間違っているのであろうか。以下では，この私たちの常識，当たりまえとされていることについて一つずつ考えていきたい。

2 人は生物学的に「女性／男性」に二分されているのだろうか？

2.1 からだの性（生物学的性別）

それでは，私たちが2つに分かれていて当たり前と思っているセックス「生物学的性別」についてみていきたい。セックスは私たちが生まれたときに身体的な形状によって決められるもので，私たちはセックスが二分されていると信じて疑わない。では，生まれる前の身体的な形状はどうだろうか。私たちのミクロサイズの形態のものが母体に原型としてあり，それがそのまま大きくなるのだろうか。

科学的にみれば多くの生物がそうであるように，ヒトもまた受精直後の受精卵は単一の細胞であって，性器だけではなく身体のさまざまな部位も存在しない未分化の状態である。そして，この単一の細胞が細胞分裂を繰り返すことによって身体的な分化が起こる。

この過程の中で性を決める重要な役割を担うのが性染色体である。ヒトの遺伝情報は23対の染色体として各細胞の中に存在している。その中の一つに性染色体がある。性染色体は，女性であればXX染色体，男性であればXY染色体が対になっているとされている。この内Y染色体上にある性決定遺伝子（Sex-determining region Y: SRY）の情報が性器となる部位に働きかけ内性器（卵巣／精巣）を分化する。そして，形成された内性器からの性ホルモンの分泌によって外性器（ヴァギナ／ペニス）が形成される。

こう説明すると，Y染色体をもつ個体，すなわち男性は精巣・ペニスをもち，Y染色体をもたない個体，すなわち女性は卵巣・ヴァギナをもつ，それゆえ性は「男性／女性」に二分化さているのではないか，と読者は考えるかもしれない。しかしもっとよく調べてみると，性決定遺伝子を受け止める内性器の状態によって，受精後8週目から10週目までに性決定遺伝子が働かないこともあること，内性器から両方の性ホルモンが分泌されること，そして内性器以外からの器官からも性ホルモンが分泌されることから，実はさまざまな形態の性器に分化する。
　まとめると，生物学的に見て性器は同じ部位から形成されている。そして，すべての人の性器は，性決定遺伝子と性ホルモンの状況により，女性器と男性器の両方の特徴をもっている。また，女性器が基本であり，男性器が分化したものであることがいえる。だから，生物学的性別は女性と男性に完全に二分化しているとはいえないことがわかる。すなわち生物学的性別とは割合の問題である。私たちは生物学的には「女性何割男性何割」という形でしか性について語ることのできない存在なのである。
　そういってみても，私自身は「ヴァギナ／ペニス」があるから「女性／男性」に違いないと大部分の人は思うだろう。では，みなさんに問いたい「あなたは他の人と比較した上で自分の性器を標準であると思っているのか」と。こと性器に関しては，性の問題に触れることであるため，性器の比較はこれまでタブーとされてきた。だから多くの人びとが，なんとなく「自分の性器は標準」と思っている。実際には性器はさまざまな形状があり，その中には女性と男性両方の特徴をもって生まれてくる人がいる。次項では，その人たちのことについて述べたい。

2.2　インター・セックス（半陰陽）

　インターセックス（intersex: IS）とは，女性／男性両方の特徴のある性器（外性器・内性器）をもつ状態のことをいう。こうした状態は古くから知られており，東洋では，半陰陽（中国），ふたなり（二成・双成）（日本），ヒジュラ（インド）などと呼ばれてきた。東洋ではインター・セックスは，女性／男

性両方の特徴のある性器をもつことで神に近い存在とされていることが多い。対して，西洋では両性具有（アンドロジニー：androgyny），や間性などと呼ばれた。旧約聖書で神はアダムという男性を，その肋骨からイブという女性を創造したことから，インター・セックスは神の意思に背くものとされてきた。こうした，インター・セックスの人びとをインター・セクシュアル（intersexual），半陰陽者，アンドロギュノスと呼ぶ。

インター・セックスは，解剖学的には体内に卵巣も精巣もあり，外性器の形状も女性器男性器両方の特徴をもつ真性半陰陽，「卵巣とペニス／精巣とヴァギナ」という組み合わせをとる仮性半陰陽がある。遺伝学的にみても，性染色体がX染色体のみで対になっている染色体のないターナー女性，X染色体の数がXXYやXXXYと多いクラインフェルター男性，また性染色体がXXタイプとXYタイプで体内の細胞にモザイク状に混在している人もいる。さまざまなタイプの中には成人後に逆の性の特徴が現れる人もいる。さまざまなインター・セックスを合わせると，2,000人に一人はインター・セックスとして生まれてきていると言われている（セクシュアル・マイノリティ教職員ネットワーク 2003：34-38)[1]。

インター・セックスの存在は医療現場では広く知られており，「性分化疾患」（DSD: Disorders of sex development）という疾患名を与えられ，治療の対象となっている。しかし，インター・セックスは染色体異常などの疾患として捉えてもいいものであろうか。そこには，インター・セックスを疾患として取り扱わざるを得ない社会の問題もある。

インター・セックスの状態で生まれてきた子どもは性が女性とも男性ともつかない状態である。しかし，日本では医師と両親は1歳までに社会的性を決定しなければならない。そして，2，3歳までに手術やホルモン治療を行い，選択した性に合わせて外性器を切除する。こうした状況になるのは，「女性／男性」を登録しなければならない法律があるからであるが，その法律は私たち自身が「この世の中には女性と男性しかいない」と考えていることの反映なのではなかろうか。

これを読むみなさんの多くは，インター・セックスの人が抱えている状況を

知ると、「かわいそう／なんとかしてやりたい」と思うだろう。しかし私たち自身が「この世には女性と男性しかいない」「私自身はどちらかの性である」と思う限り、私たちは、インター・セックスを自分たちとは違うものとしてみるであろう。だからインター・セックスの問題を解決できなくしているのは、私たち一人一人なのかもしれない。

3 私たちはなぜ自分自身のことを「女性／男性」と思っているのであろうか？

3.1 こころの性（性の自己認識）

先の節で、セックス（生物学的性別）は二分されているのではなく、だれもが女性と男性の部分をもっていると述べた。このことに従えば、だれもが自分の性を「女性7割男性3割」や「男性6割女性4割」と思ってもおかしくない。しかし現実には性を割合として捉えている人はほとんどいないのではなかろうか。ではなぜ私たちはそう思うのであろう。

こうした私たちが認識している性のことを性の自己認識、性自認、性アイデンティティと呼んでいる。英語ではセックス（生物学的性別）からみた sexual identity（SI）とジェンダー（社会的性差）からみた gender identity（GI）がある。以下では、なぜ性アイデンティティをもつのかについて、脳の性別説と教育環境説を紹介したい。

脳の性別説とは、医学・生物学で提唱されている説である。この説によれば、ヒトには「女性脳」「男性脳」という脳の性別がある。そして、「女性脳」であれば自分を女性と思い、「男性脳」であれば自分を男性脳と思うとされる。先に説明したように、Y染色体上にある性決定遺伝子が性腺を精巣に変化させ、形成された精巣から男性ホルモンが分泌される。この男性ホルモンは体内全体に働きかけるので、脳に対しては「男性脳」になるように働きかける。よって、Y染色体がない個体は「女性脳」となり、Y染色体がある個体は「男性脳」となる。実際のところ、「女性脳」と「男性脳」の違いは、右脳・左脳という2つの大脳を結んでいる脳梁の太さに現れ、「女性脳」は「男性脳」に比べて

脳梁が太く，それゆえ，右脳と左脳の情報交換が女性は男性に比べて優れている。したがって女性は男性に比べて複数のタスクを同時に行う能力が優れており，男性はひとつのタスクに集中する能力が優れているとされた。この脳の性別により，性の自己認識（sexual identity）が形成される。したがって，性の自己認識は本質主義的に生まれる前から決定されているとされる。

脳の性別説は，脳科学の発展により提唱されたものであるが，反論もなされている。セックスの説明でもあったように，卵巣や精巣からの性ホルモン量には個人差があり，また卵巣や精巣以外からも性ホルモンが分泌されることから，脳の性別もまた二分されているのではなく，多様な脳が形成される可能性があるのではないかということである。実際，女性や男性と自己認識している人の脳を分析すると脳梁の太さは二分されているのではなく，さまざまなレベルのものがある。したがって脳の性別によって，「女性／男性」という性の自己認識が決まるというのではないのではないかといわれている。

もう一つの説は，生まれた後に性の自己認識が決まるというものである。これを教育環境説といい，社会科学で提唱されている説である。この説によれば，ヒトは周囲の環境や教育によって，性の自己認識を獲得していくとされる。確かに乳児は自分自身を「女の子／男の子」とは認識していないようである。むしろ親を中心とする周りの大人たちが，その子どもの外性器の状態をみて，ヴァギナがあると女の子，ペニスがあると男の子と判断する。その判断に従い，女の子と男の子は，与えられる服装やおもちゃ，あるいは褒め方・怒り方に至るまで，違う育てられ方をするようになる。たとえば，男性とみなされる人は子どものころに「男の子でしょ，泣いてはいけません」といわれたことはないだろうか。よく考えてみると「男はなぜ人前で泣いてはいけないのか」に「オスは泣かないものである」という生物学的理由はないのであって，それは私たちの生きている社会の中で決められたこと，つまりジェンダーによるものであることがわかる。

こうした周りの大人たちの影響によって，教育環境説では，3歳までに子ども自身が「女の子／男の子」であるという認識をもつという。したがって，脳の性別説が本質主義的な説であるのに対して，教育環境説では子どもは生まれ

てきてからのちに性の自己認識をもつとする構築主義的な側面をもっている。

　教育環境説も20世紀以降のジェンダー研究の発展によって提唱されたものであるが，反論もなされている。それは同一の教育環境におかれたからといって，子どもに同一の効果があるとは限らないということである。考えてみると私たちは，たとえば学校教育で同じ教育を受けたはずである。しかし人によって得意科目や苦手科目があるようになる。つまり，子どもは単なる教育や環境の受け手ではなく，大人からの情報を自ら考えて受け取る存在であり，「女の子／男の子」として育てたから「女の子／男の子」という自己認識をもつようになるとは限らないと考えられるからである。さらに一方の性として育てても別の性の自己認識をもつ実例が性同一性障害，性別違和という病名で知られている。

　まとめると，脳の性別や教育環境の効果は多様であり，そこからは，多様な性の自己認識が生まれる可能性があることが明らかとなり，なぜ性の自己認識が二分されているのかを説明できないことになった。ただ，教育環境説からいえば次のこともいえる。周りの大人たちが「女の子／男の子」として育てようとするのは，社会が性別二分法を求めているからである。考えてみると，戸籍・トイレ・銭湯・バイトの募集・アンケート調査などによって私たちは性による区別が当たり前と思っている。だからジェンダーによって性の自己認識が二分化させられているといえるかもしれない。

3.2　トランス・ジェンダー

　性同一性障害や性別違和の人たちのように，からだの性（生物学的性別）に違和感をもつ人たちがいる。こうした生物学的性別（セックス）に違和を感じる状態のことをトランス・ジェンダー（transgender: TG）と呼ぶ。またトランス・ジェンダーの状態の人をトランス・ジェンダリスト（transgenderest）と呼ぶ。

　トランス・ジェンダーは生物学的性別と性の自己認識の関係によって，生物学的性別は女性だが性の自己認識が男性の人（FTM），生物学的性別は男性だが性の自己認識が女性の人（MTF），また生物学的性別に違和感をもつがかといって生物学的性別と逆の性になりたいわけではない人もいる。要するに「女

性でない／男性でない」ことでしか自らの性を語れない人がいる（FTX, MTX）。

また，同一の性の自己認識を継続してもちたいのかどうかによっても，ある時間や場所では違う性の自己認識で生きたい人もいれば，一貫して同一の性の自己認識をもちたい人もいる。前者において多いのは，服装を異性に変える異性装（トランス・ベスタイト：transvestite: TV，クロス・ドレッサー：cross-dresser: CD）がある。異性装の形態は多様であり，アウターを変え外見的に異性を装う人，インナーのみを変え外見上はわからない人，あるいは一日中異性装の人（フルタイム異性装），ある時間場所だけ異性装の人（パートタイム異性装）の人もいる。また異性装の人の多くは異性愛者である。後者の代表例は，性の自己認識に合わせて生物学的性別を換えることを望むトランス・セクシュアル（transsexual: TS）の人である。先の項で示した性同一性障害（GID: gender identity disorder），性別違和（gender dysphoria）はトランス・セクシュアルの病名である。

トランス・セクシュアルの人は一説によれば3〜20万人に1人，トランス・ジェンダー全体では，1,000人に1人の割合でいるとされている（山内 1999：33-34；野宮・原科 2003：40-42）。社会の中では少数派であるが，それではトランス・ジェンダーの人は「障害」といえるのであろうか。医学・生物学ではトランス・ジェンダーを脳の性別説に従い「障害」とみなしている。それは「障害」とみなすことにより，特にトランス・セクシュアルの人たちに対する外科的な手術を含む治療が可能になるからである。他方，教育環境説では，社会が「生物学的性別」と「性の自己認識」は同一であるとみなしているからトランス・ジェンダーが「障害」とみなされるのだとする見解をもつ。対して，当事者は間違った生物学的性別で生まれてきたのだから「障害」であると捉える人もいれば，血液型や性格が人によって異なっているように，性の自己認識の持ち方も「個性」であると捉える人もいる。さて，あなたはどう考えるだろうか。

4 私たちはなぜ逆の性の人を好きになるのだろうか？

4.1 好きになる対象（性指向）

　人を好きになること，性的な関心をもつことは自然なことであると思われている。特に思春期になると異性に関心をもつようになると思われているが，なぜ自分が思っている性（性の自己認識）と逆の性を好きになるのであろうか。

　こうした誰かを何かを好きになることを性指向，性的指向，英語では sexual orientation という。また性のありようをセクシュアリティ（sexuality）という。性指向にはさまざまなものが存在するが，ここでは「人」に対する性指向と，人以外の「モノ」に対する性指向をみていきたい。

　人に対する性指向の中で多くを占めているのが，異性に対する性指向，異性愛（ヘテロ・セクシュアル：heterosexual）である。hetero とは「異なった」「対になった」という英語の接頭辞である。対して，同性に対する性指向を同性愛（ホモ・セクシュアル：homosexual）という。男性同性愛者を侮蔑するために使用されている「ホモ」は「homo」を示しているが，homo とは「単一の」「同一の」という英語の接頭辞であり，元々ホモ・セクシュアルは女性同性愛・男性同性愛両方を示す言葉である。

　女性同性愛者（レズビアン：lesbian），男性同性愛者（ゲイ：gay）はさまざまな統計によれば全人口の5～10％はいるとされている（セクシュアル・マイノリティ教職員ネットワーク 2003：126-132）。5～10％であれば，高校までのクラスには必ず2～3人同性愛的な傾向をもつ人がいたということになる。あなたの友人・知り合いにも20名いれば1～2名は必ず同性愛的な傾向をもつ人がいることになる。ではあなたの周りに同性愛者は必ずいるだろうか。たぶんいないだろう。それはあなたがそして周りの人が離れていくことを恐れ，同性愛者が名乗り出る（カミングアウトする）ことがないからである。

　さらに性指向の対象は異性でも同性でもかまわない，あるいはある時期は同性を別の時期は異性を好きになる人たちがいる。こうした性指向を両性愛（バイ・セクシュアル：bisexual）という。バイ（bi）とは，二倍を意味する英語の

接頭辞である。加えて，今まで述べてきたような性的な関心をもたない人たち，すなわち人に対する性指向がない人がいる。こうした性指向をア・セクシュアル，エー・セクシュアル (asexual) という。ア・エー (a) とは，否定を意味する英語の接頭辞である。

　一方，私たちが性的に関心をもつ対象は人そのものである以外にもさまざまなケースがある。人の一部分，人が身につけている衣服や靴，人以外の動物，植物，人工構成物，さらには二次元の動画などなど，こうした人そのもの以外に対する性指向をフェチシズム (Fetishism) と呼んでいる。私たちが手フェチ，足フェチなどと呼んでいるフェチとはフェチシズムのフェチである。フェチシズムは人もモノも愛せるケースもあれば，モノだけを愛するケースまでさまざまなケースがある。さらに異性愛者であるか同性愛者であるかを問わず，さまざまなフェチシズムが存在している。

4.2　同性愛の原因とは？

　近代科学の発展により，人がなぜ同性愛的な傾向をもつのかについてさまざまな研究がなされるようになってきた。こうした科学で考えられた仮説として以下では，医学・生物学での仮説と心理学での仮説を紹介したい。

　医学・生物学では脳の性別異常仮説が提唱されている。これは脳の性別に異常が起こることによって，同性を好きになることを説明する仮説である。先に性の自己認識形成の際に述べたように，脳の性別仮説では性ホルモンの影響を受けて「女性脳」「男性脳」が形成され，「女性／男性」という認識が生まれる。それと同時に「女性脳」は男性を好きになり，「男性脳」は女性を好きになるとされる。ところが，何らかの原因，たとえば妊娠中の母親が極度のストレスにさらされると，胎児の性ホルモン分泌に異常が起こり，胎児の性器と脳の性別が異なるようになる。脳の性別異常仮説は，母体ストレスによる脳の性別異常によって同性愛的な傾向をもつという仮説である。また，生まれる前に性指向が決定するという意味では本質主義的な仮説である。

　しかし，脳の性別異常仮説には次のような反論がなされている。「脳の性別説」に対する反論で述べたように，人の脳は女性／男性両方の性ホルモンの影

響を受けて完全に「女性脳」「男性脳」には分かれてはいない。であるならば，人は完全に「異性愛／同性愛」に分かれておらず，多くの人は両性愛であり，異性愛的な傾向が強い人や同性愛的な傾向が強い人がいることになるのではないか。だから脳の性別異常仮説によって，同性愛の原因は説明できないといわれている。

　心理学での同性愛の原因について，エディプス・コンプレックス仮説とを紹介したい。エディプス・コンプレックス仮説とは，オーストリアの精神分析学者であるジークムント・フロイトが『性の理論』の中で唱えた男性同性愛の原因として考えられた説である。フロイトは男性の発達段階を①自己愛，②母親への性的関心，③父親を憎む，④去勢不安，⑤父親と同一視（同性愛）⑥両親を捨てる（異性愛）とした。同性愛は，同性への愛を示す潜在期から発展せず自分を愛した異性の親と同じ性対象を求めた結果であると述べた。（セクシュアル・マイノリティ教職員ネットワーク 2003：162-164）。エデイップス・コンプレックス仮説は，生まれた後の教育・環境によって同性愛的な傾向をもつとされる。したがって生まれた後に性指向が決定するという意味では構築主義的な仮説である。

　上記の医学・生理学および心理学の仮説は今まで検証されておらず，正しいかどうかは明らかでない。しかし，社会的にはこうした仮説が独り歩きし，同性愛の原因が妊娠中の家庭環境や出産後の家庭の教育の問題であるとされた。そのことで同性愛の子をもつ親が，子どもが同性愛者になったのは親である自分が悪かったからであるとの認識が生まれている。

4.3　なぜ同性愛の原因だけが問われるのか？

　近代科学での同性愛研究において同性愛の原因がわからないことも相まって，1970年代以降世界的には同性愛は治療を要する病気ではないと位置づけられるようになった。たとえば1974年アメリカ精神医学会「精神障害の分類と手引（第3版）」では「同性愛は精神疾患として治療する必要はない」とし，1993年世界保健機関（WHO）「国際疾病分類（ICD）（第10版）」では「同性愛を治療の対象からはずす」とした。同性愛は個人の嗜好でも異常でもなく，個性として

第1章　ジェンダーの概念とセクシュアリティ

捉えられるようになったのである（セクシュアル・マイノリティ教職員ネットワーク編 2006：100-162）。

　そもそも同性愛の原因は問われるのに異性愛の原因が問われないのはなぜだろうか。この本を読んでいる多くの異性愛者のみなさん，「あなたが異性が好きになったのはなぜですか」と聞かれてどう答えるだろうか。おそらく大部分は「気がついたら異性が好きになっていました」と答えるだろう。であるならば同性愛者も「気がついたら同性が好きになっていました」と回答することが想像できないだろうか。

　あるいは「同性愛だと子どもが生まれない」から同性愛は自然でない異常であると反論する異性愛者もいるかもしれない。それでは「性行為は生殖のためだけにしているのか」と考えてみよう。おそらく性行為のほとんどは，お互いのコミュニケーションや快楽のために行われていると想像できるであろう。であるならば，子どもが生まれる危険性がない「同性との性行為」の方がいいのではないかとも考えられないだろうか。

　このように異性愛の原因が問われないのは，「異性が付き合うのが当たり前だから」という価値観があるからではなかろうか。こうした価値観を異性愛主義（ヘテロセクシズム：hetero-sexism）と呼んでいる。この価値観が，異性愛以外の性指向である，同性愛，両性愛，ア・セクシュアル，だけではなく，インター・セックスやトランス・ジェンダーをも否定する原因となっているのである。

5　性の多様性とジェンダー

　これまで，私たちの思い込みである「セックス（生物学的性別）に従い，自分を「女性／男性」と思い，逆の性を好きになる」ことについて詳しく見てきた。説明したように性は多様性を持っており，決して「女性／男性」と単純に二分化されてはいないこと，そしてインター・セックス，トランス・ジェンダー，同性愛／両性愛／ア・セクシュアル／フェチシズムといった，性的少数者（性的マイノリティ／セクシュアル・マイノリティ：sexual minority）が確実に存在していることを述べてきた。ちなみに，性的少数者を意味する LGBT

(I・Q) とは，女性同性愛者（レズビアン：Lesbian），男性同性愛者（ゲイ：Gay），両性愛者（バイ・セクシュアル：Bi・sexual），トランス・ジェンダー（Trans-gender），そしてインター・セックス（Inter-sex），クエスチョニング（Questioning：自分の性が分からない人たち）の人を英語の頭文字で表したものである。

このように性は多様であるのにもかかわらず，なぜ私たちは「女性／男性」に二分化してみてしまうのであろうか。これまで私たちは，「女性／男性」の二分化の原因を生物学的性別や性の自己認識や性指向が「女性／男性」に分かれているからと思ってきた。しかしこれまで述べてきたように，実態は多様な生物学的性別や性の自己認識や性指向があるにもかかわらず，むりやり「女性／男性」の二分化に当てはめてきたのではなかろうか。とすると「女性／男性」二分化の原因は，「性に関する社会の仕組み」すなわちジェンダーにあるといえる。だから，「セックスがジェンダーを規定する」のではなく「ジェンダーがセックスを規定する」のである。

この，性の多様性を単純化してしまう「ジェンダー」は何のために存在しているのであろうか。次節からは，この点に焦点を絞ってみていきたい。

6 なぜ「男は仕事，女は家庭」なのか？

6.1 男性が中心となって物事を決めている社会

性の多様性を妨げている異性愛主義は，「異なった人どうしが愛し合うのが当たりまえ」という価値観である。「異なっている人間」である「女性」と「男性」は，生物学的な違いだけではなく，違った社会的役割も期待されるようになる。この異なった社会的役割の代表例が「男は家庭外で仕事，女は家庭内で家事育児」という価値観である。この価値観を「性別役割分業」（sexual division of labor）という。

では何のために「異性愛主義」と「性別役割分業」は存在しているのであろうか。それは今の社会のもととなっている近代社会の成立と関係している。近代社会とは，ヨーロッパにおいて約200年前に成立した社会である。近代社会

は産業革命による経済の変化，市民革命による身分制社会から能力による社会への変化，宗教改革による価値観の変化がよく知られているが，家族形態の変化，学校の大衆化，人々の付き合い方の変化，愛し合い方の変化など，私たちが当たりまえと思っている生活の大部分は近代社会の成立によって生み出されたものなのである。

　では，この近代社会は誰によって形成されたのであろうか。みなさんが学んできた高校までの歴史の教科書には，近代社会を形成したさまざまな人びとの名前が掲載されている。ここで注意してほしいのは，これらの人びとはほとんどが男性であるという事実である。すなわち，男性が中心になって近代社会を形成してきているのである。こうした社会のあり方を男性中心社会（男性優位社会・家父長制：patriarchy）と呼んでいる。男性が形成した近代社会のジェンダーによる秩序が「異性愛主義」と「性別役割分業」である。だから，近代社会のジェンダーによる秩序とは，「男性中心社会を維持するために異性愛主義と性別役割分業が成立し存在している」ことにある。

6.2　なぜ男性は働いているのか？

　ではなぜ男性は「外に出て働く」ことを担い，女性に「家庭で家事育児をする」ことを押し付けたのであろうか。それは近代社会での「働くこと」の重要性に関係する。私たちは学校を出たら働くということを当たり前のように考えている。たとえば大学生は最終学年になれば就職活動を行い卒業して社会人となることを当然と考えているだろう。

　しかし，近代社会以前の前近代社会においては，「世俗を捨てて修行する」ことが重要な社会であった。それは多くの宗教において世俗を離れて修行すること，すなわち世俗外禁欲が死後の世界において救済や天国，神の国，涅槃に至る道であったからである。そのため前近代社会では「男性が修行を行い，女性が働く」といった近代社会とは逆の役割が存在していた。

　この役割の変化を担ったのが，ヨーロッパにおけるプロテスタントである。マックス・ウェーバー（Max Weber）は主著『プロテスタンティズムの倫理と資本主義の精神』において，プロテスタントの倫理では「働くこと」が「救

済」に結びつくこと，すなわち世俗内禁欲が重要とされたことを述べている。

現在の社会において外に出て働くことが救済につながるとはあまり考えられていない。しかし，賃金を得ることにより経済的自立となり自己実現につながるという価値観は共有されており，それゆえ私たちは学校を出れば働くことを選択しているのである。この社会において性別役割分業は次のような形態で存在している。男性は「働くこと」で賃金を得て経済的自由を得るが，誰もが外に出て働き続けることはできない。人間として生存するためには誰かが「賃金が支払われない（アンペイド）」家事育児を担う必要がある。このため女性に「家事育児」を押し付けた結果が性別役割分業であるのだ。

6.3　女性を見下す男性たち

働くことが経済的自由や自己実現につながるのなら女性も働きたいと思うであろう。そのため女性を「家事育児」に縛り付けるため，あるいは自ら進んで「家事育児」を行ってもらうための男性側の論理が考え出された。「女性は他者に対して優しい，だから外で働くより家事育児に向いている」あるいは「女性には家族を思うやさしさや子どもをいとおしく思う母性がある」という言説，母性神話や三歳児神話は女性を「家事育児」に縛り付けるためのしかけなのである。このように女性をか弱いものとして保護しつつ女性の能力を低く見る男性の姿勢を「女性嫌悪」（ミソジニー：misogyny）と呼んでいる。女性嫌悪は男性が女性を区別・排除し，その立場に留めておくための「わな」である。

また女性嫌悪は，女性を見下すための「わな」であると同時に，男性同士の連帯も担っている。先に述べた近代社会は，身分制社会の否定から誕生した社会である。そのため，生まれた時にはすべての人は平等であり，その後どれだけ努力をしたのかによって差がついても当然という社会，機会の平等と結果の不平等を原則とする社会である。そうした社会の中で，男性たちは幼児期より日々競争を強いられている。幼稚園・小学校の「お受験」から始まり，中学・高校・大学への受験競争，就職してからの出世競争，そして競争することを当然とする競技スポーツなど。その結果，男性たちの価値観は，学歴・職歴・職位・職階の比較によってその人を自分より上か下に見ることに傾きがちである。

第 1 章　ジェンダーの概念とセクシュアリティ

ただ，競争は必然的に勝者と敗者を生み出す。その結果は一握りの究極の「勝ち組」と大多数の「負け組」を生み出す。だから多くの男性たちは競争に勝つことができず負け組とならざるを得ない。その際，男性たちは女性より能力があると思い込むことで「自分が男性である」ことを確認しているのだ。そして確認するために行われているのが，女性に暴言を吐く，無視する，暴力をふるうなどの，ドメスティック・バイオレンスやセクシュアル・ハラスメントなどである。

このように書くと多くの男性は「私は女性を尊敬していて，暴力もハラスメントも行っていない」と立腹するであろう。しかし考えてみてほしい。なぜ今なお就職活動の際に「女性は美人の方が有利」といわれるのだろうか。なぜ職場に「癒し」としての女性が必要なのだろうか。なぜ女性が能力を発揮しだすと「女のくせに」と男性がいうのであろうか。それはその職場で男性である自分たちとは違う「見下す」対象として女性をみているからである。だから，男性は女性嫌悪によって「自分が男性である」ことを確認しているのである。男性だけの集団ではライバルどうしの関係性によって人間関係がぎくしゃくしてしまう。異人である女性は，男性集団を維持するための生贄なのである。

ところで，こうした男性集団を維持するための女性嫌悪は，女性の自己認識にも影響を与えている。それは女性である自分自身が嫌いだという「自己嫌悪」となって現われる。「女だから男に勝てない」「女は弱い生き物だから男性に守ってほしい」「いざとなったら結婚して専業主婦になったらいい」といったように，女性は自分の能力を低く見る傾向がある。こうした女性の女性嫌悪は男性に「女性は依存する性である」と教育された結果として存在している。

7　なぜ恋愛は異性間だけなのか？

7.1　男の友情

先に述べたように，近代社会とは競争社会でもあるから，「家事育児」を女性に押し付けた男性は相互に競争しなければならない。しかしその競争は男性内に少数の「勝ち組」と多数の「負け組」を生み出す。となると「負け組男

性」の中には「男は仕事」であることを捨て，より生きやすい社会を目指して女性と連帯する人たちも出現するかもしれない。そのために男性がライバルとして対立しつつ結合し，男性中心社会から「負け組男性が落ちこぼれない仕組み」が必要となる。これがイブ・K・セジウィック（Eve K. Sedgwick）の言う「男同士の絆」（between men）である（セジウィック 1999）。多くの少年誌は「男たちは拳で語り合う」といういまだ繰り返される論調で，強い相手（ライバル）であればあるほど強い友情が芽生えることをモチーフとしているが，こうした戦いの果てに芽生える友情こそが「男同士の絆」の源泉であり「ホモソーシャル」（homo-social）すなわち男性中心社会の基盤に存在している。

　こうした「男同士の絆」にはさまざまな形態がみられる。近代の「男同士の絆」は男性同士の精神的なつながりを重要視し，肉体的なつながり，つまり男性同性愛を排除している。しかし，たとえば古代ギリシャ時代や江戸時代には「男同士の絆」のために肉体的なつながり，すなわち同性愛が重要とされていた。古代ギリシャ時代では成年男性のたしなみとして「少年愛」が広くみられた。また江戸時代には「男色」や「衆道」が流行していたが，その根底には武士同士の「義兄弟の契り」のように，肉欲と精神的・社会的な結合が一体化した男性同性愛があったのである。男性同士の肉体的な結びつき（同性愛）が重要であり，男性にとって女性と肉体的に結びつく（異性愛）ことは取るに足りないことであるとする考え方すらあった。ここには女性嫌悪の対極としての男性同性愛があった。要するに江戸時代は男性同性愛が流行していた時代であったのである。

7.2　なぜ同性愛は異常といわれるのか

　では，なぜ近代社会では「男同士の絆」と男性同性愛は分離したのだろうか。確かに今日の社会では他者に親密な感情を抱いたとしても，異性なら愛情と解釈される感情が同性であればそれは友情となる。その境界を越え，同性に対して愛情をもつことを私たちは非常に嫌っている。この，同性愛に対してもつ嫌悪感を「同性愛嫌悪」（ホモフォビア：homophobia）と呼んでいる。特に男性同士では親密な感情を愛情と考えることがタブー視される。

第1章　ジェンダーの概念とセクシュアリティ

　この「男同士の絆」からの男性同性愛の排除は近代社会のジェンダーによる秩序形成と関係している。近代社会では男性が女性を支配するために「女性／男性」を再定義した。前近代社会では働き手として重要であった女性に近代社会では家事育児を押し付けるために「弱さ・やさしさ・美しさ」を女性に割り当てる必要があった。代わりに男性は「強さ・たくましさ・無骨さ」を引き受けるようになった。それまでの男性同性愛は男性の「弱さ・やさしさ・美しさ」を引き受けてきたのだが，それは「男らしくない」行為として抑圧の対象になった。つまり男性同性愛が「崇高なものから変態へ」と変化したのである。
　こうした異性愛を中心とする価値観が，男性中心社会を維持するために機能している異性愛主義なのである。異性愛主義は異なった者同士が愛し合うことが前提となり，女性と男性の異なりをより二分化することに役立った。この二分化された男女の役割が性別役割分業に対応する。こうして異性愛主義と性別役割分業によって男性中心社会が維持されているという構造が近代社会におけるジェンダー問題の核心として存在している。

8　ジェンダー問題の解決に向けて

8.1　ジェンダー問題とフェミニズム

　これまでみてきたように，近代社会のジェンダーによる秩序とは，男性中心社会の維持のために性別役割分業と異性愛主義が存在していることにあった。そして女性嫌悪と同性愛嫌悪によって「女性」，「負け組男性」と「性的少数者」が分断され，勝ち組男性が権力を握り続ける社会が維持されている。以下では，この男性中心社会を変革するための運動についてみておきたい。
　男性中心社会の変革を目指す「女性」たちの運動は，フェミニズム（feminism）といわれている。フェミニズムは近代社会における「機会の平等」の原則を女性にも広げることを目指して行われた。フェミニズムの運動は次の2つに分けられる。最初に19世紀後半の選挙権獲得運動がある。この運動は，法的な平等を求め社会に参加する運動，自立した一人の人間としての権利を求める運動である。この運動は第1波フェミニズム，リベラル・フェミニズムと呼ば

れる。その成果は女性参政権の獲得として表れ，1893年ニュージーランド，1920年アメリカ，1926年イギリスに女性参政権が認められた。ちなみに日本では，第二次世界大戦終了後の1945年にGHQ（連合国軍最高司令官総司令部）主導でようやく認められた。

だが，選挙権獲得運動以降法的には女性の権利が認められたにもかかわらず，女性を家庭内に押し込める傾向が続いた。このため1960年代以降，実質的な平等を求め社会に参画する運動である女性解放運動が再び盛んとなった。これは女性も権力をもつ（何かを決定する立場につく）こと，社会に参画することを求めた運動であり，第2波フェミニズム，ウーマンリブ，ラディカル・フェミニズムと呼ばれる。こうした運動は，1979年国際連合での女性差別撤廃条約採択，また日本での1985年男女雇用機会均等法，1999年男女共同参画社会基本法成立として実を結んだ。

8.2 フェミニズム批判を超えて

1990年代以降保守派からの批判，バックラッシュ（Backlash）が起こってきた。バックラッシュは，ジェンダーフリー・バッシング，フェミニズムは家庭崩壊を巻き起こし性道徳を崩壊させる，などを主張する。バックラッシュは女性の社会進出を快く思わない男性たちだけではなく，急激な変化を望まない女性たちからも支持を受け，現在まで続いている。

こうした批判は，フェミニズム自体の対立をも生み出している。たとえばこれまでフェミニズムは先進国の女性たちの問題であったが，1995年の北京女性会議でみられたように，この先進国中心のフェミニズムは第三世界の女性たちから批判を受けた。すなわち，エスニック・マジョリティ女性とエスニック・マイノリティ女性の対立として描かれた。また，異性愛女性中心の運動は，性別役割分業を問題視するとともに，女性解放運動当時からあったレズビアンフェミニズムの流れを主流化できず，異性愛主義の問題を看過してきたともいえる。この状況はフェミニズムの同性愛嫌悪として，一方の性的少数者の運動において主流となっている男性同性愛者による解放運動，ゲイ・リブのもつ女性嫌悪と対立して，女性と性的少数者の連帯を困難にしてきたといえるであろう。

他方，女性の社会進出の中で，男性もまた問題を抱えていることが明らかとなりつつある。「男は仕事」とされる中で家計を担わなければならない男性は，仕事を生きがいとすることで，働きすぎによる過労，過労死，ストレスによるうつ病や男性の自殺者の増加，定年後の人生の無目的化などの問題を抱えている。他方若い男性たちは，ワーキングプア，ネットカフェ難民，マクド難民，引きこもり・ニート・スネップなど貧困に至る問題を抱えている。こうした問題は男子・男性問題として，今日の男性中心社会の負の側面を表しているといえよう。こうした中で，1990年代以降男性たちから「男らしくなくてもいいのでは」「勝ち続けなくてもいいのでは」という動きが生まれる。この運動を男性解放運動（メンズ・リブ）と呼ぶ。負け組男性が女性嫌悪，同性愛嫌悪にならず男性同士でエンパワーメントされることが，今後の「女性」「性的少数者」「負け組男性」を連帯に導き，今日の男性中心社会が変革されることが期待される。

注
1）　ここで述べるインター・セックス，この後に述べるトランス・ジェンダー，同性愛・同性愛の傾向をもつ人たち（性的少数者）が人口のどの程度の割合であるのかについては，性的少数者を統計的に調査することが困難であるため，医療相談機関の受診などによる推計でしかないことは留保しておきたい。なお，2015年に電通が行ったネット調査によれば，レズビアンやゲイ，性同一性障害ら性的少数者の割合は7.6％とされている（朝日新聞，2015年4月25日）。そもそも，なぜ性的少数者がアンケートなどにおいて当事者であることを記入することができないのかについても，ジェンダーの観点から検討すべき問題である。

参考文献
上野千鶴子（2010）『女ぎらい―日本のミソジニー』紀伊国屋書店．
江原由美子（2001）『ジェンダー秩序』勁草書房．
レイウィン・コンネル，多賀太監訳（2008）『ジェンダー学の最前線』世界思想社．
佐倉智美（2006）『性同一性障害の社会学』現代書館．
澁澤龍彦（1984）『エロティシズム』中公文庫．
セクシュアル・マイノリティ教職員ネットワーク編（2003）『セクシュアル・マイノリティ――同性愛，性同一性障害，インター・セックスの当事者が語る多様な

性』明石書店.
イブ・K・セジウィック，上田早苗・亀澤美由紀訳（1999）『男同士の絆―イギリス文学とホモソーシャルな欲望』名古屋大学出版会.
野宮亜紀・原科孝雄（2003）『性同一性障害って何？』緑風出版.
ジュディス・バトラー，竹村和子訳（1999）『ジェンダートラブル』青土社.
山内敏雄（1999）『性同一性障害と性転換手術は許されるのか　性のあり方』明石書店.

（大束貢生）

コラム1
ジェンダー概念の来歴をたどる

　現在，ジェンダーは人口に膾炙した概念の1つであるが，この概念の出自をどのくらいの人が知っているだろうか。
　ジェンダーは，もともと語句の間の諸関係を指す言語学の用語であった。言語学における意味を維持しつつ，人びとの間の諸関係を指す概念として，1950年代に性科学がこの概念を借用した。ここまでは広く知られている。
　では，当時〈セックス〉や〈性役割〉というジェンダーの意味内容に近い概念がすでにあったにもかかわらず，性科学がなぜジェンダーという概念をわざわざ新たに導入したのかについては，どのくらいの人が知っているだろうか。
　現在のジェンダー概念からはまったくうかがい知ることはできないが，じつは性分化疾患（半陰陽者，両性具有，あるいはインターセックスと呼ばれていた）の存在が，その鍵となる。
　ジェンダーの概念を言語学から性科学へと借用したのは性科学者のジョン・マネー（John Money）である。彼は極めて特殊な「半陰陽事例管理」（半陰陽者を社会的に男女どちらかの性に属させるための基準や実践など）を行う必要があった。マネーは，男女どちらともいえない外性器をもつ性分化疾患の新生児をみて，身体的な性は〈男〉と〈女〉を両極として幅がある2極的なものであることに気がついており，それを〈男らしさ〉と〈女らしさ〉という2値的な社会的性（性自認）へといかに囲い込むかに悩んだ。
　現在の一般的なジェンダー概念の理解は，セックスが2値（男か女）であるのに対し，ジェンダーは2極（〈男らしさ〉と〈女らしさ〉を両極として幅がある）というものであろう。しかし，性科学に導入された当初，ジェンダーは〈男らしさ〉〈女らしさ〉という明確な2値を示す用語であったのだ。
　その後，マネーのジェンダー概念に大きな介入を行ったのは，心理学者のロバート・ストーラー（Robert Stoller）である。彼は，1960年中頃にジェンダー（育ちの属性）とセックス（生まれの属性）を区別し再定式化したことで，ジェンダー概念は自然科学を超え社会科学一般で積極的に用いられる概念となった。その後，フェミニズムにとって最重要概念の1つとしてさらなる展開を遂げ，現在私たちが知るところとなる。
　マネーの研究には研究倫理的な観点から今日では否定的な見方も少なくない。とはいえ，現在広く流布しているジェンダー概念の来歴を知ることは，これからのジェンダー概念の行く末を考えるうえで必要なことだろう。

（齋藤圭介）

第2章

ジェンダーと歴史

　私たちが高校までの授業で教わるようないわゆる「歴史」は，男性による政治や戦争の話題を中心としたものであった。しかし，そのような文脈では扱われにくかった女性の経験や私的な日常生活をめぐっても歴史変化が存在し，そこには政治が大きく関与している。本章では，すべての人間の誕生に関わる生殖を主な題材とし，子育ても視野に入れつつジェンダーの視点から歴史を見つめ直す。

　生殖というのは，産むか産まないか，あるいは何人の子どもをどのくらいの間隔で産むかという女性ないしカップルの私的な問題であると見なされやすいが，その選択や判断の集積が社会の人口構成に直接影響するという意味で，多分に政治性を帯びている。また生殖は，女と男の役割を分かつ最たるものと考えられやすいが，それは超歴史的（普遍的）にいえることなのだろうか。

　本章ではまず，近世における出生制限と「家」のありようについて論じ（第1節），次に近代国家によって母親の管理と活用が進められ，「産めよ殖やせよ」へ向かう道程を振り返る（第2節）。そして，産む／産まないをめぐる戦後の状況を整理し，今後の生殖とジェンダーのあり方について，歴史をふまえたうえで展望する（第3節）。

1　近世期の出生制限と「家」

1.1　堕胎・間引き・捨て子

　よく「昔は子沢山だった」といわれるが，それはいつ頃のことだろうか。近世日本の農村では，18世紀半ばまでに小家族化が進み，平均世帯規模は4，5

人（夫婦に子ども2，3人程度）に収斂していた。つまり，決して「子沢山」ではなかったのである。日本全体の人口も，18世紀半ばから100年間ほどは3千万人前後で停滞していたようである。その原因としては，飢饉や疫病の流行，晩婚，女性の過酷な労働環境に付随する自然流産率および母体死亡率の高さ，出産後の妊娠不能期間をもたらす要因である長い母乳哺育期間，高い乳幼児死亡率などが挙げられるが，堕胎や間引き，捨て子といった人為的な出生制限も行われていた（鬼頭 1995，2000；落合 2000；荻野 2008）。

　堕胎は人工的に妊娠を中断することであり，間引きは生まれたばかりの子を殺すことである。間引きは堕胎に比べて母体の物理的損傷が少なく，子どもの性別や身体状況を見届けたうえで選択的に実行することが可能である一方，妊娠出産したことが周囲の人々に知られてしまうという側面もあった。逆にいうと，間引きに対する共同体の人々の暗黙の承認があったということである。また捨て子については，子どもの死を覚悟の上で行われた一方，「捨て子は村のはごくみ（育み）」という言葉もあり，村の誰かが育ててくれることを期待する余地があった。実際，捨て子は衣類や襁褓（おむつ）などの生活必需品を添えて有力者の家の前や商家の庇の下などに捨てられることも多く，子の生存を願う親の配慮のもとで捨てられたことがうかがえる。そして，これらの出生制限は，産む女性自身だけでなく産婆や子どもの父親（夫），姑などによっても決定・実行された。つまり，産むか産まないかという選択をめぐって，女も男も関わっていたということである。

　出生制限が行われた理由としては，貧困による「口べらし」のほか，子どもと子どもの出生間隔をあけるため，生活水準を維持するため，高齢・婚外出産を避けるため，あるいは多胎児や障害児，妊娠中に行われた性別占いに外れた子や親の厄年に生まれた子，養子をとったあとの実子が嫌われたため等，さまざまな理由があったようだ。沢山美果子（2008，2011）によると，捨て子の場合は，母親の病気，離別，死別，あるいは母親が収入を得るため乳母奉公に出たことによって乳（母乳）が得られなくなったということが理由となることも珍しくなかった。他方，捨て子をもらい受ける側に関していえば，乳がある（母乳が出る）ことは，捨て子をもらう上で重要な条件の一つでもあった。し

ばしば挙げられるのは，子どもを亡くして乳があるので捨て子をもらい受けたいという理由である。その背後には，近世社会における女性と子どもの生命の危うさがあった。「産む性」であるがゆえに女性が生命を落とす率は高く，特に妊娠，出産期にあたる20〜30歳代の女性の死亡率は男性の2倍にのぼった。また近世後半には，出産のうち10〜15％が死産，出生児の20％近くが1歳未満で死亡したという。捨て子の背後には，母を亡くして乳のない子と，子を亡くして乳の余っている母とがいたのである。

　しかしながら，こうした出生制限は生類憐み政策によって問題化され，監視の対象となる。生類憐み政策の本格的開始を告げる1687（貞享4）年の幕令で対象とされたのは，犬や牛馬などの動物だけではなく，病人や捨て子も含まれていた。1690（元禄3）年には単独の捨て子禁令が出され，その後妊婦と3歳以下の子どもの登録制度なども導入された。捨て子の罪で処罰されるのは，子を捨てる決断をした家長である父親の場合が多く，さらには共同体としての村の責任が問われることもあった。

　18世紀後半になると，人口停滞・減少に対する危機感をおぼえた諸藩が堕胎・間引き禁止政策を実施した。具体的には，懐妊届や死胎披露書を通じた妊娠・出産の管理や，堕胎・間引きがいかに恐ろしいことであるかを説く教化活動，わずかながら養育料の支給などが行われた。沢山（2006）によれば，こうした政策は，女性の「産む身体」が公的な監視の対象となり，胎動を感じられる妊娠5ヶ月以降の胎児が「人のかたち」をもつ生命として認識される一因となったという。ただし，出産が非常に危険なものであった当時は，胎児よりもまず母親の生命を救うことが優先されており，子どもが亡くなっても母親が無事であれば「安産」とされることもあった。母親を救う目的で胎児を人工的に排出させる場合もあり，堕胎と流死産の線引きの難しさがうかがえる。

　また，近世期の出生率やそのコントロールのありようには地域差が大きかった。特に東北地方では，先に生まれた子ども（姉や兄）の人数と性別によって次の子どもの出生性別比が大きく偏ることから，性別選択的な間引きが行われていたのは間違いないとされる。社会階層による差異も大きく，上層の家では子どもをたくさん産み育てる経済的余裕があり，家の跡取りを確保する必要性

も高かったが，下層農民の場合は，無事に成人する子どもが一人もいない世帯も少なくなかった。

1.2　「家」の子どもを育てる

　一方で，育てる意思のある子どもに対してはきめ細やかな子育てがなされ，高い頻度で通過儀礼なども行われた。18世紀後半から19世紀にかけては，生活向上のために堕胎や間引きを行う一方で，残した子どもへの手厚い養育が実現した時代と捉えられている。

　近世期の子どもは「家」の子どもとして育てられ，どういう「家」に生まれたかによって社会的地位や職業がほぼ決定された。大藤修（1996）によると，「家」は，固有の家業・家産・家名をもち，先祖代々への崇拝とその祭祀を精神的支えとして，世代を超えて永続することを志向する組織体と定義される。武家や公家の「家」はすでに近世以前の社会において存在していたが，人口の8割以上を占める農民において「家」意識が芽生えるのは，地域差があるものの17世紀後半から18世紀であったといわれる。それ以前は，非血縁の下人や下女を包摂した家族も少なからずみられたが，農業経営のあり方の変化（下人の労働力に依存した名主による大規模な経営から，独立した小農による経営へ）等に伴い，直系親を主体とした血縁小家族が一般化していった（大藤 1996；小山 2002b）。

　そして，小山静子（2002b）によると男子は「家」の跡継ぎとして捉えられ，それにふさわしく育てられた。武士の場合は，嫡庶長幼の厳格な序列に従って長男が家督を相続することが決められており，その教育は公的な「家」の維持と密接に関わっていたため，父親が厳しく教育を行った。武士の男子に必要とされた漢籍の素読や武芸の稽古，身分の上下や年齢に応じた挨拶の仕方や礼儀作法などは女性たちに無縁の知識であったため，父親がこれを担っていた。農民や町人たちにおける相続実態は多様であったが，家業に関わる知の伝達を，家長として家業の責任を負っている男性たちが中心となって行うという構図は共通していた。女子の場合，武家であれば，身に付けておくべき婦徳や読み書き能力，裁縫技術などが主に母親によって教えられた。庶民の場合，女子も男

子と同様に親の仕事の手伝いをしたが,家業の継承が目指されることはなく,衣食に関する知識やせいぜい多少の読み書きを習得して結婚した。

　近世期には多くの子育て書が刊行されているが,それらはもっぱら男性を読者と想定して書かれている。子育ては父道の一環であり,子育ての方針は家訓であった。「家」の存続・発展を左右するのは家長である男性の手にかかっていたため,これからどのように子どもを育てていくべきかという子育ての方針は,まず男性によって考えられなければならないものとされていたのである。また,女性向けの教訓書においても子育てについて言及される場合があったが,その内容は主に妊娠中の心得や乳幼児に対する養育法の解説であった（中野1997）。近世期の女性に第一に期待されたのは,夫や舅姑に仕え,跡取りとなる男子を産むことであり,生まれた子どもの子育て方針を決定するのは父親の役割だったのである。

1.3 「家」における離婚と養子

　近世の「家」といえば,強固な家族関係や血縁による束縛がイメージされるかもしれないが,離婚や養子による相続は日常的に行われていた。たとえば,現在の福島県に属する旧二本松藩領の下守屋村・仁井田村の人別改帳を調査した落合恵美子（2000）によれば,資料残存期間（1716～1870年）の普通離婚率（人口千人当たりの年間離婚数）の平均は4.8であり,現在のアメリカ並みの高さであった。この地域では,結婚後5年以内に2割の夫婦が離別し,死別も合わせれば結婚20年の時点で6割の結婚が終了している。離婚率は西日本で低く東日本で高いという傾向があったが,徳川時代の農民が現代のわたしたちよりもずっと頻繁に離婚を経験していたのは間違いなく,武士についても離婚や再婚がしばしば行われていたという。

　徳川時代の社会の婚姻がこれほどまでに不安定であった理由としては,いわゆる三行半をつきつけて理由も告げずに妻を離縁する「夫専権離婚」が一般的だったからといわれてきたが,妻や妻の親が主導権を握った離婚もあったようである。落合（2000）は,夫婦のどちらが離婚の主導権を握ったにせよ,社会生活の単位が夫婦ではなく「家」であったために,世帯内には夫婦以外にもし

ばしば成人がおり，離婚がすなわち家族の崩壊を意味しなかったのではないかと分析している。嫁や婿というのは「家」にとって置き換え可能な「部品」にすぎず，たとえ離婚しても頻繁な再婚によって1，2年のうちには新しい「部品」に置き換えられたのである。

　「家」の存続に重要な跡取りについても，血縁のみが重視されるということはなかった。たとえば近世末における多摩地方の農村の事例を調査した黒須・落合（2002）によると，適齢期の息子がいない世帯では，息子が多すぎる（余っている）世帯から成人の養子をとっていた。その場合，娘がいれば婿養子を取り，息子も娘もいない場合はまず養子を取ってすぐに嫁を迎えた。すなわち，養子をとるということは，生産と生殖の両方を保証する次世代のカップルを確保することと同義であり，この地域では家長の20％が養子であった。人口増加率の低い近世日本において家系の継承が可能になった鍵は養子制度だったのであり，これは養子を出す側にとっても迎え入れる側にとっても有益であったとされる。

　また，主に18世紀後半から19世紀前半における大坂の捨て子について調査した沢山（2011）によれば，捨て子をもらい受ける側の理由には，実子を亡くして乳がたくさんあることのほか，亡くした実子の代わりに「家名相続」させたい，あるいは実の息子と将来夫婦にして相続させたい（「妻合相続」）といった「家」の維持・存続への願いが挙げられることもあった。

　以上のように，近世日本では，時期や地域，階層によってばらつきがあるものの，さまざまな出生コントロールの手段が存在し，そこには女と男がともに関わっていた。そして跡継ぎとなる男子が生まれた場合は，特に父親が子育ての責任を負った。夫婦の離婚は珍しくなく，また嫡男が生まれない場合や育たなかった場合は，しばしば養子が迎え入れられた。女子による相続もまったく存在しないわけではなかったが，女子は基本的に「家」の跡継ぎとして重視される存在ではなく，結婚して跡継ぎとなる男子を産むことが第一に期待されたのである。

1.4 「家」と共同体

このように，近世期の人々は「家」とともに生きていたが，その「家」は一個の独立した存在ではなく，共同体との密接な関係性のもとで存続していかねばならない存在だった。すなわち，本家－分家関係や婚姻・養子縁組によって形成された親族共同体，商家における本家とのれん分けをした分家との関係，職人における親方と弟子，武士における「家」と「家」との主従関係など，「家」はさまざまな社会集団の中に組み込まれていた。そしてそもそも水田稲作農業は水の共同管理を前提として成立するものであり，日頃からの村落共同体の一体性が必要不可欠であった。したがってそれぞれの家族は，「家」としてのまとまりをもちつつ，これらの社会集団の中で互いに依存，あるいは監視しあいながら生きる家族であったといえる（小山 2002b）。

産育習俗もまた，家族と共同体との不可分の関係性を物語るものである。出産が間近になると親類・近隣の女性が集まって妊婦の世話をし，しばしば子どもの父親（夫）もそこに関わっていた。分娩介助は家族あるいは近隣の器用な女性（いわゆるトリアゲバアサン）が担当することが多かったが，男性（トリアゲジイサン）が分娩介助を担っていた地域もあった。また，妊娠5ケ月目の帯祝いをはじめ，名付け祝い，宮参り，食い初め，初節句，初誕生，七五三など，通過儀礼ごとに多くの者が共食し，贈答が交わされる。これらの儀礼は，子どもの生命が危険にさらされやすい幼い時ほど頻繁に行われ，子どもが共同体の一員であることが確認されていったのである。また，日常的にも，男女を問わず近隣住民が早朝から幼子を取り合ってかまったり，仕事の忙しさにもかかわらず子どもにかまけて時間を忘れたりする様子がよくみられたという。

産育に対する共同体の関心は，ケガレという側面からも認められる。月経や出産に伴うとされるケガレを忌避の対象とする共同体では，出産時ないし産後や月経中の女性がケガレを理由に「産屋」「産小屋」「仮屋」「他屋」「出部屋」等と呼ばれる小屋に隔離される場合もあった。小屋に入っている女性が共同体の成員から手厚いケアを受けることもあったが，逆にいえば，そこまでして女性を日常空間から引き離す必要があったということである。また女性たちは，この慣習を利用して束の間の休息を楽しむことも多かったが，その背景に

は，隔離されなければ産後すら休めないという厳しい現実があったのである。

2 近代国家による母親の管理と活用

2.1 堕胎罪体制と実子主義の確立

　明治初年の産育政策は，堕胎や間引き，捨て子に対する取締りと保護から出発した。明治政府は，政府成立後間もない1868（明治元）年に産婆の売薬と堕胎を禁止しており，明治初年の規定のなかに堕胎・間引きの禁止や捨て子の救済についての項目がある県は数多くあった。そして1880年には，フランス刑法にならってつくられた刑法で堕胎罪が制定され（1907年にドイツ刑法にならって改定され，罰則規定が強化される），1899年に産婆規則が発布されて全国統一の産婆免許制度が確立されるなど，従来出産だけでなく堕胎や間引きにも関わっていた産婆が法と西洋医学の管理・監視下に置かれるようになった。堕胎罪は，堕胎を行った妊婦および堕胎に関わった医師や産婆，薬商らを処罰するものであり，胎児の父親（夫）は直接手を下さない限り罪に問われない。この堕胎罪の制定は，富国強兵を目指した政府の人口増強策として解釈されることが多いが，子に対する親の養育義務という儒教的倫理の強制とみなす論者もいる。なお，1899年から1918年における堕胎罪裁判記録の一部（320件）を分析した岩田重則（2009）によれば，堕胎された胎児の85.6％は婚外妊娠による「私生児」で，「内縁」関係に基づく「準公生児」が2.2％，婚姻内の「公生児」は9.4％にすぎなかった。つまり，この時期の堕胎の多くは婚姻関係のなかにあったのではなく，堕胎が家族計画として行われたわけでなかったのである。また他方で，堕胎罪と嬰児殺（殺人罪）との区別が判例によって確立されることにより，国家が統制すべき国民の対象は「胎児」（堕胎罪）と「人」（殺人罪）に切り分けられた（田間 2000，2014）。

　こうした堕胎の犯罪化に加え，身分に関わる制度の大きな変化や学校教育制度の導入により，多くの人にそれまでよりも社会的上昇の可能性が開かれたことや，産業構造の変化，都市への移動などに伴って，明治以前よりも結婚可能な人口が増加したことなど複合的な要因が作用した結果，出生率は上昇し，世

紀転換期には女性1人あたり平均5人ぐらいの子どもを産んでいたとされる（荻野 2008）。

　また，妻と妾が法的に同等とされていた制度が1880年の刑法で廃止され，一夫一婦制が確立された。ただし，その後も妾自体は社会的に存続してゆく。国家公認の買売春制度である公娼制もまた，一夫一婦制を脅かすものであり，流早産や出生児の失明の原因になる恐れがある性病の温床でもあると見なされ，廃娼運動が積極的に展開された。

　そして，1870年の民法編纂着手から1898年の民法施行，大正時代の民法改正要綱に至るまでの議論の中で，一夫一婦制の夫婦と実子を核とする家族像が採用され，血縁性が強化されたといわれる。養子も否定はされなかったが，あくまでも血縁のある実子の代替者として位置づけ直された（田間 2001）。また広井多鶴子（2013）によると，1898年の民法で新たに定められた「親権」は，子どもの教育をもっぱら親の「自然」な権限とし，戸主や親族の関与を排除した。母親に親権を認めるかどうかについては論争があったが，最終的に，父親が親権を行使できないときには母親が行うものとされた。母親は，あくまでも父親の補充という立場ではあったが，父親と同様に「親」という枠組みの中に置かれたのである。

2.2　良妻賢母の時代

　こうして，明治期に女性の役割が再編されていく中で，良妻賢母思想が形成されてゆく。小山（1991, 1995, 2002a, 2002b）によれば，近世期において女性は子産みの道具として重視されることはあっても，子どもの教育，特に男子の教育は期待されていなかったのに対し，明治期になると，母親の子育て・教育役割の重要性が子どもの性別を問わず主張されはじめた。

　その背景には，「家」と共同体を結びつけていたさまざまな制度（村請制，五人組など）が廃止され，「家」が共同体の外的強制から自由になっていく一方で，新たに戸籍制度が創出されるなど，「家」は国家から直接管理・干渉される対象になったという変化がある。女性は，単に夫や舅姑に対して従順なだけでなく，「家庭」を守って次世代の国民を育成し，夫の社会的な労働や国家

的な活動を支えるべきとされた。先に述べた堕胎罪体制や全国統一の産婆免許制度なども，国家による管理システムの一環であるといえよう。

　「家庭」というのは，明治20年代以降「ホーム」の訳語として頻繁に使われるようになる言葉で，子育てや子どもの教育に積極的な関心を示す家族であり，「男は仕事，女は家事・育児」という性別役割分業が想定された家族のことである。家庭にあって子どもは家内労働力としてではなく，愛護され，教育されるべき存在と捉えられるようになり，一家団欒という言葉に象徴されるように家族成員間での深い情緒的なつながりが重視された。

　また，近世期までは父親が息子に家業を教え込むことこそが教育であったが，近代化とともに官公吏や教員などの近代的職業に従事する者が増加した。これらの近代的職業は世襲ではなく，学校教育を媒介とするものであるため，母親として家庭で子どもの教育を担う女性もまた，学校教育を通じて教養を身に付けるべき存在と見做されるようになる。

　こうして，女性は近代社会の生成にとって不可欠な存在として組み込まれたのであり，これまでほとんど顧みられることのなかった女子中等教育の振興・普及が促され，1899年には高等女学校令が公布された。しかし，良妻賢母の育成という教育目標は，裁縫や家事・修身の重視，男子に比べて低レベルの教育をもたらすなど，女性にとっては両刃の剣であった。

　また，現実に良妻賢母として家庭内役割に専念できる女性は中間層以上に限られていたにもかかわらず，良妻賢母はあるべき女性規範となり，女子教育を通じて浸透していった。ただし，その具体的なありようは地域や階層によってさまざまに差異化され，また単に家庭内役割だけではなく，職業への従事や「女の特性」の発揮を通じた国家・社会への直接的な貢献も要求されるようになっていった。

　つまり，良妻賢母思想は，近代社会における性別役割分業を支えるイデオロギーであるとともに，歴史的状況の変化に応じて，女性の欲求を吸収しながら，その内実を変化させていった思想だったのである。そして良妻賢母思想は，現代においても規範として一定の力を保持し続けているといえる。

2.3 女性解放をめぐって

　前項で述べた通り，明治30年前後に成立した良妻賢母思想は，単に女性を抑圧するだけのイデオロギーとはいえないものであった。しかし，妻・母役割以外の生き方を求める女性にとっては足かせとなり，女子向けの低レベルな教育や，参政権などの権利の制限をももたらすこととなった。それゆえ，「大正デモクラシー」と呼ばれる自由な社会的雰囲気が醸成されていく中で，「婦人問題」が社会問題化し，女性解放思想が登場してくることになる。これは，のちに「第一波フェミニズム」と呼ばれる動きである。

　その代表的な例として，女性たち自身による最初の雑誌『青鞜』（1911～16年）が挙げられる。この雑誌は，平塚らいてうによる発刊の辞「元始，女性は実に太陽であつた。真正の人であつた。今，女性は月である。他に依つて生き，他の光によつて輝く，病人のやうな蒼白い顔の月である」に始まり，彼女は自らを「新しい女」と称した。同誌上では，貞操に関して男女で適応される規範が異なる（未婚の女性は処女性が重んじられるが，男性はそうではない）というダブル・スタンダード（二重基準）が指摘されたり，堕胎罪で獄中にある女性を主人公とした小説で堕胎肯定論が展開されたりするなど，多岐にわたる言論が繰り広げられた。

　この時期には，「母性」という概念も登場する。これはエレン・ケイの用いたスウェーデン語 moderskap（英語の motherhood, maternity）の翻訳語であるとされる。ケイの著作『母性の復興』を訳した平塚らいてうと与謝野晶子らの間で有名な母性保護論争が起こったのは，1918～19年のことであった。平塚は，女は母になることによって社会的・国家的な存在者になるとし，妊娠出産育児期の国家による補助（母性保護）は母たる女性の当然の権利であると主張した。一方与謝野は，国家による母性保護を否定し，女性の経済的自立を重視した。また，山川菊栄は論争の整理を行いつつ，真の解決は資本主義そのものの変革によらねばならないと述べ，山田わかは，母こそが家庭の中心であり，夫または国家から生活費を得るのは当然の権利であるとした。

　これらの主張を良妻賢母思想と対比すれば，平塚のように男女の相違を強調し，母性を社会的に位置づけ，男とは違った役割を社会の中で発揮させていこ

うとする点や，与謝野のごとく職業従事の考え方を取り入れているという点で共通する部分があったが，女の解放や経済的独立まで論じた彼女らの発想は良妻賢母思想にない新しいものだった。

そして，1920年には平塚や市川房枝らによって日本初の市民的女性団体とされる新婦人協会が結成され，国政への女性の選挙権を求める活動が進められた。また，1924年には婦人参政権を求める諸団体を大同団結する婦人参政権獲得期成同盟会（翌年，婦選獲得同盟と改称）が結成され，広範な地方への伝播と組織化が行われた。

2.4 優生思想と産児調節への関心

「母性」概念の登場以後，子どもを育てるときに母親が払う犠牲心や愛情を先天的なものとする言説が流布し，女性は本能的に母役割を果たすべき存在と見なされるようになる。加えて，この第一次世界大戦後という時代には，欧米諸国と比べて日本の乳児死亡率が圧倒的に高く，多産多死状態であることが問題視され，社会事業の一環として妊産婦保護事業（無料産院，公設産婆など）[1]が進められたほか，優生学や国民の「質」に対する関心も広まりつつあった。そのような中で，子どもの「優秀さ」を決定する要因として，育児・教育のみならず遺伝的要素も含めた母親の重要性がクローズアップされた。

そして，1922年にはアメリカから産児調節（産児制限）運動家のマーガレット・サンガーが来日する。来日中の講演は内務省によって厳しく制限されたが，その影響は大きく，全国各地で産児調節相談所が開設されるなど，女性の労働運動と結びつきながら産児調節運動が展開された。

このように，「産」や「性」に対する国家的関心が高まるなか，第一次大戦後の不況や生活難も相まって，一般誌である『太陽』や『婦人公論』等においても産児調節に関する議論が活発化した。このときの議論は，産児調節賛成派にせよ反対派にせよ，国家的視点や優生学に立脚した主張が多く，産む側の女性からの声は弱かったといわれる。また，産児調節運動は常にイデオロギーの対立や内部分裂の問題につきまとわれ，その傾向は，次第に戦時色が濃くなって運動が終焉に向かう1930年代半ばまで変わらなかった。

2.5 戦時下の国家による身体管理

第二次世界大戦時下になると，総力戦に必要な人的資源を量と質の両面から管理するために，さまざまな人口政策がとられた。たとえば1940年の国民優生法は，ナチスの「断種法」をまねて作られたもので，「悪質なる遺伝性疾患の素質を有する者」の根絶と，「健全なる素質を有する者の増加を図」ることが掲げられたが，前者は不徹底に終わった。後者については，人口政策確立要綱とも相まって，「劣悪者」とされた人以外の健康な国民が不妊手術や中絶手術を受けるのを禁じる「産児制限防遏法」として機能していく。その翌年（1941年）に出された人口政策確立要綱は，戦時下における国家の基本姿勢を示したもので，日本の将来人口1億を目標とし，女性には21歳頃までに結婚して夫婦あたり5児を産むことを求め，そのための結婚斡旋や結婚資金の貸し付け，優良多子家庭の表彰など，さまざまな施策を打ち出した。また，国民健康保険法（1938年公布・施行），乳児一斉検診の開始（1939年），妊産婦手帳制度創設（1942年）など，現在につながる制度がつくられたのもこの頃である。これら一連の人口増強策は，産婆にとっても自らの業務拡大と国家的存在意義の証明につながるとして，職能団体が積極的に主導していった。しかしながら，これらの政策の人口動向に対する効果は限定的だったとされる。

3 選択的に産む・産ませる戦後

3.1 優生保護法の成立

1945年8月に敗戦を迎えた日本は，間もなく深刻な人口問題に直面した。海外からの引揚者や復員兵に加え，彼らの結婚や家庭復帰によって出生率は急上昇したが，敗戦で国土の約4割を失ったうえ，経済は壊滅状態で，住宅難や食糧不足も深刻であった。戦災などで親を失った子どもたちは「浮浪児」となって街をさまよい，ヤミ堕胎や子捨て，子殺しも後を絶たなかった。この時期，法的には依然として刑法堕胎罪と国民優生法体制が続いており，医学・優生学目的以外の人工妊娠中絶は禁止されていたが，さまざまな事情からヤミ堕胎を求める女性は多く，無理な堕胎で死亡した女性もいた。また，1948年1月には，

新宿の産婆が夫と共に養育料をとって貰い受けた乳児103名を殺した壽産院事件が発生している。

　こうした戦後日本の人口問題について，占領軍は表面上中立を装っていたが，早急に出産抑制政策を導入して出生率を下げる努力をするよう望んでいることが明らかであった。女性が初めて選挙権・被選挙権を行使した戦後第1回目の総選挙では，戦前からの産児調節運動家である女性の加藤シヅエや新妻伊都子が当選し，翌年には産児調節推進派の医師太田典礼も当選した。一方，財団法人人口問題研究会に設置された人口政策委員会では，産児調節に対する論調はネガティヴであり，人口の量の問題よりも国民の「質」の低下に対する優生学的懸念の方が強く打ち出された。

　こうした流れのなか，1948年7月には超党派議員による議員立法として優生保護法が成立する。これは，日本初の議員立法であった。優生保護法では，戦前の国民優生法よりも優生に関する規定が強化された。国民優生法では除外されていた非遺伝性疾患である「癩疾患」（ハンセン病）が中絶および不妊手術の対象となり，1951，52年の改正では「精神病」や「精神薄弱」が中絶の対象となって，配偶者が精神疾患の場合や非遺伝性の精神疾患の場合も不妊手術の対象となった。

　優生保護法では，人工妊娠中絶が条件付きで合法化されたが，設立当初は優生目的以外の中絶に広く門戸を開くことを意図したものではなく，分娩後1年以内またはすでに数人の子がいる場合の妊娠で，かつ，「分娩によって母体の健康を著しく害する虞れのあるもの」や暴行・脅迫の結果としての妊娠に限定されており，許可を得るための手続きも非常に複雑であった。そのため，ヤミ堕胎への需要は減らず，堕胎罪での検挙も相次いでいた。この時期に堕胎罪で検挙された女性の多くは「家庭の主婦」であったという。

　こうした状況を受けて，優生保護法は1949年にまず第一次の改定が行われ，中絶の適応の一つとして「経済的理由」が加えられることになった。日本は世界で初めて経済的理由での中絶を公認した国になったのである。このときの改定では，都道府県ごとに最低1ヶ所の優生結婚相談所の設置が義務付けられ，そこで無料で受胎調節（避妊）指導を行うことが認められたが，その設置も利

用もなかなか進まなかった。日本では，家族制限の方法として避妊よりも従来的な方法である中絶が選択されたのである。次いで1952年の第二次改定では，中絶にあたっての地区優生保護審査会の事前認可制が廃止され，中絶の可否は都道府県の医師会が指定する医師が行うこととなった。

こうして中絶は急増し，1953年には届出数だけで100万件を突破した。加えて，1951年9月にサンフランシスコ講和会議で対日平和条約が調印され，翌年4月の主権回復を控えて国として人口問題への対策を迫られたことや，冷戦構造の中でアメリカがアジアの人口問題への関心を急速に強めていた（アメリカは，開発途上国の急激な人口増加が共産主義の温床になりうるとして警戒していた）こともあって，国策として受胎調節が進められることになった。1952年の優生保護法改定では，受胎調節実地指導員制度が導入され，指導員として助産婦・保健婦・看護婦に認定講習を受けさせることになった。つまり，1952年において，中絶の急増を抑制して母体を保護するための受胎調節と，人工妊娠中絶とが同時に促進されたということである。このとき，重点的に指導の対象とされたのは農村，炭鉱，低所得者層であり，優生思想的側面が見え隠れする。

そして1954年には，かつて受胎調節に反対していた財団法人人口問題研究会の人口対策委員会が「人口対策としての家族計画の普及に関する決議」を行い，人口抑制が公式に国家の方針となった。そして，国民が次世代再生産にあたって国家の期待にそった行動を「主体的に」選択するように協働していくための社会強化政策に，「家族計画」という名称が与えられた。

3.2 「家族計画」の時代へ

家族計画運動は，私企業，農業協同組合，地域婦人会，自治体の保健婦などを通じて進められた。特に私企業では，家族計画の指導が料理教室や育児相談，慰安等とうまく組み合わされ，社宅における妻同士のネットワークをも取り込むかたちで「自発的」に進められた（田間 2014）。人口増加を抑えながら優秀な労働力を得たい国家の都合と，少子化によって豊かな暮らしを求める国民の欲求とが，優生保護法という法律を通してうまく嚙み合っていたのである。こ

うして家族計画は、中絶と避妊の両輪で実現し[2)]、「子どもは2，3人がいい」という考え方が急速に広まり定着していった。避妊はまた、カップルにとって妊娠の心配なく性生活を楽しめる（性と生殖の分離）というメリットをももたらした（荻野 1995，2008）。

　ただし、こうした人口政策としての家族計画運動の対象となる家族は、異性愛で永続的な一夫一婦制に基づく家族である。こうした家族は、企業に利する明確な性別役割分業のもと、夫婦が愛し合い、話し合って経済的な人生計画を立て、生殖を統制する家族であり、母親が少数の実子を愛し育てるものとされた。その後、1960年代に入り、「子どもは3歳まで母親の手で育てなければ、その後の成長に悪影響を及ぼす」という言説（のちに「三歳児神話」と呼ばれる）が流布して母親たちの育児責任が強調されていく。そして同時進行的に子どもの健診制度が強化され、さらに公的保育制度が締め付けられていく（保育所予算縮小、保護者の保育料負担増、入所条件の審査制導入など）過程は、生殖が統制可能であることを自明の前提として成立していると考えられる（田間 2006）。

3.3　少子化の「行き過ぎ」と女性の自己決定権

　家族計画運動が推進された後の出来事について、荻野（1995，2008，2014）の研究を軸にまとめると次のようになる。すなわち、合計特殊出生率（＝女性1人が生涯に産む平均子ども数の推計）はどんどん低下し、経済成長とともに労働力の過剰どころか不足さえ懸念されはじめた。また、中絶に依存した出生率の低下が国際的に非難される。国内でも、厚生省の協力のもと、1962年から家族計画に関わる各種団体や宗教組織、企業が一体となって「いのちを大切にする運動」が繰り広げられた。そして1972，1973年には、中絶理由から経済的理由を削除し、胎児の障害を理由にした中絶を許可する「胎児条項」の新設を盛り込んだ優生保護法改正案が上程される。

　この改正案に対し、ウーマン・リブ（women's liberation（movement）；women's lib）の女性たちは、経済条項の削除が事実上の「中絶禁止」であるとして反対運動を巻き起こした。ウーマン・リブとは、学園闘争やヴェトナム反戦運動な

どに参加したり共感したりした若い女性たちが，反体制運動の中にも強固に存在する「男らしさ」幻想や女性差別に幻滅し，階級闘争とは別に女性独自の運動の方向性を模索した動きのことである。東京大学安田講堂陥落の1969年頃から本格化し，日本の「ウーマン・リブ元年」と呼ばれる1970年には女性だけのデモや集会が開かれ，各地の女性グループが互いにつながりはじめた。これは，日本における「第二波フェミニズム」の端緒と位置づけられる。女性たちは，「個人的なことは政治的なことである」というスローガンのもとで，自らの経験や意識のなかに，自らの行動や身体を拘束する社会規範や価値観があることを自覚し，自己解放を試みたのである。そして彼女たちは，優生保護法「改正」に対し，「産む産まないは女(わたし)が決める」と主張し，中絶の自由を守ろうとした。

　一方，脳性まひ者団体の「青い芝の会」は胎児条項の新設に反対し，リブの女性たちに対して，障害児なら中絶するのかと問いをつきつけた。これに対し，女性に中絶させる社会を告発することで，障害者運動との対立を乗り越えようとする女性たちも現れ，「産める社会を！　産みたい社会を！」というリブの新たなスローガンにつながった。障害者運動からの告発に対する反応は，リブ内部でも温度差があったが，女性が中絶を選べる状態を確保することの重要性は十分認識しながらも，女性の選択権の主張が優生思想や障害者差別に結びつきかねない危険性に対して意識的・自省的であろうとしたことは，この時期の日本の女性運動の大きな特徴だったと考えられる。

　こうした運動の成果もあり，優生保護法の改正案は廃案となったが，1982年に中曽根内閣のもとで経済条項の削除が再度主張される。その際前面に打ち出されたのは，「胎児の生命尊重」「中絶は母による殺人」という言説や，胎児のヴィジュアル・イメージであった。水子供養のブーム化もまた背景の一つにあげられるだろう[3]。この動きに対し，女性たちは「'82優生保護法改悪阻止連絡会」（阻止連）を結成した。彼女たちは，生殖をめぐる決定は障害者であれ健常者であれ，個人の選択に任されるべきで，国家が干渉することは許されないと主張し，刑法堕胎罪および優生保護法そのものの撤廃を目指した。そして，経済条項の削除が危険なヤミ堕胎の増加につながるということや，中絶を減ら

すには性教育や母子保健対策の充実，確実な避妊法の普及こそ必要であるということを主張した。続いて若い世代や，医師会等の専門家集団も改定反対運動に加わり，改定は頓挫した。

　1990年になると，前年の合計特殊出生率が史上最低の1.57を記録したことが報道され，「子どもを産みたがらない女たち」は身勝手な存在と見なされた。このとき，男性側の責任はまったく問われなかった。こうした非難に対して女性たちは，「女のからだは女のもの」「わたしの生き方はわたしが決める」と反論した。これは，性の自己決定権という意味で重要な主張であるが，同時に，生殖の責任を女性のみが負うことや，女性の生き方を生殖に収斂（矮小化）させることを意味しかねない発言でもあった。

　そして1996年には，優生保護法の優生関係の条文が全て削除され，母体保護法が成立した。ただし，母体保護法成立にあたって十分な議論が行われたわけではなく，生殖を国が管理するという問題や，女性の生殖をめぐる人権問題，堕胎罪の規定などが残されたまま中途半端なところで落ち着いたともいえる。

3.4　生殖技術の光と影

　前項までは，女性あるいはカップルが生殖能力をもっている（妊娠・出産が可能である）ことを前提に，いかにして産まないか，あるいは選択的に産むかということについて述べてきた。しかし，生殖能力というのは決して当然視すべきものではないし，子どもをもたない・もちたくないという場合もある。

　田間泰子（2001）によれば，不妊というのはいつの時代にも生じることで，近世においては宗教的祈願や民間療法，養子などの策が講じられてきた。つまり，不妊は対処すべき「逸脱」とされてきたのである。明治期以降，不妊は西洋近代医療の対象と見做されるようになるが，「治療」が急速に進展したのは第二次世界大戦後のことである。本節でみてきた戦後における子ども数の平準化（子どもは2，3人がいい）は，多子家族の減少のみならず，無子家族の減少をももたらしたのである。新聞報道によれば，日本において人工授精が初めて成功したのは1949年のことであり，以後，男性不妊の治療として，非配偶男性による人工授精が何の規制もないまま急速に普及した。つまり，実父実子主

義は，1950年代には，体面上は守られねばならないが実質上は守られなくてもよいと考えられていたのである。その後，1983年には国内で初めて体外受精による妊娠が出産に至り，1988年には冷凍受精卵の臨床応用，1989年に顕微授精による出産，と着実に進められている。さらに今日では，卵子提供や代理出産によって子どもをもうける例も増えている。

　こうした生殖技術の進展と普及は，不妊に悩む男女や，血のつながった子どもをもちたいと望む同性カップル，シングルで子どもが欲しいと考える人にとって福音となり，多様な家族形成につながる可能性がある一方[4]，実子主義や子どもを産むべきである（子どもがいてこそ家族である）というプレッシャーの強化になりかねない。また，子どもの出自を知る権利の侵害につながる場合があることも見逃せない。そして，とりわけ卵子提供や代理出産では，健康被害やトラブルも多く，子どもの「商品」化や貧困女性の搾取などの問題も生じている。

　また生殖技術は，精子や卵子，受精卵を身体から切り離すことであり，それらの売買や選別をも可能にした。受精卵（胚）の遺伝子診断である着床前診断は，生命倫理上容認されやすく，女性の身体的・精神的苦痛も比較的軽いとされるが，親が望む形質を備えた子どもを「選別」することに特化した技術である（「治療」という選択はなく，「異常」とされた胚は廃棄される）。2012年には国内で「新型着床前診断」（体外受精した受精卵の染色体をすべて調べる）が行われた。実施する医師は流産防止のためと主張するが，科学的根拠が十分とはいえず，「治療」あるいは「医療」といえるかどうかは議論の余地があるとされる。また，2013年には「新型出生前診断」（妊婦の血液から胎児の染色体異常を調べる）が導入された。しかしながら，日本では，これらの「診断」を受けた（受ける）女性やパートナーに対する情報提供やカウンセリング，継続的な支援体制が未整備である。このまま技術の導入だけが先行していけば，生まれる前から社会的に有利とされる形質を完璧に備えた「健康」な子どもを「作る」ことが女性の責任とされ，障害や病気というものが許容されない社会につながりかねないだろう。

　つまり，生殖技術というのは，異性間の性交渉ぬきの生殖を可能にしたので

あり，身体から切り離された精子や卵子，受精卵に人為的な操作を加えながら子どもを「作る」ものである。そこでは，男は精子に，女は卵子に還元され，それらのうち必要な部分（足りない要素）を「発注」すれば，思いのままに子どもをもつことができるようになったのである。このことは，従来の性別概念や家族規範を相対化する契機となりうるだろうが，果たして男女平等あるいは多様な性の尊重に向かっているのかどうか，わたしたちは慎重に考えていく必要がある。

4 生殖の歴史とジェンダー

本章では，生殖を中心に据えながら，ジェンダーをめぐる歴史の一端を描いてきた。最初に述べたように，生殖というのはジェンダーが先鋭的にあらわれるトピックである。しかし，その生殖をもってしても，女／男はそれぞれ一枚岩ではなく，性別や性差の枠組み自体が歴史的に変動しており，決して絶対的なものではないのである。

具体的にいえば，近世においては女と男がともに生殖や子育てに関わり，血縁や永続的な婚姻関係を必ずしも前提としない家族を形成していたのに対し，近代になると，「愛」に基づく厳格な一夫一婦制のもとで，少数の実子を母親がきちんと育てるということが求められるようになる。そして現代では，生殖における男女の役割が技術によって相対化されつつある一方，どのような条件下であっても「健康」な実子を産むということに価値が置かれるようになった。

つまり，子どもを産むかどうかというのは，個人がまったく自由に選択しているつもりでも，実際は歴史的・社会的文脈に強く規定されているのである。生殖をこのように認識することは，決して個人の自律的な選択を過小評価することにはならない。性別にかかわらず自律的な選択が尊重され，それが可能になる男女共同参画社会を構築するためにこそ，歴史的な歩みや社会的な規範・価値観のありようについて複眼的に考察し，向き合う必要があるのだ。

注
1） 無料産院は，妊産婦を無料で収容する施設である。多くは都市部に設置され，医師や産婆による分娩介助が行われた。一方，香川県観音寺市伊吹島や三重県志摩市越賀のように，地域の出産習俗である産屋が社会事業の産院あるいは産婦保養所と見なされるケースもあった。公設産婆は，自治体や社会事業団体等に雇われた産婆が担当地域の妊産婦を巡回訪問して分娩介助や健康相談を行う制度である。巡回産婆，市町村営産婆など，様々な呼称があった。
2） 生殖を計画的に管理しようという意思が強まれば強まるほど，避妊に失敗したり予期せぬ妊娠が生じたりした場合には，中絶によって帳尻あわせをしようということになる。そのため，国策として家族計画が導入された後も中絶に対するニーズは大きく後退しなかった（荻野 2008）。
3） 「水子」という言葉自体は近世期から存在し，優生保護法下で医師や胞衣業者が水子供養を行うこともあったが，水子供養ブームは「水子のたたり」を強調することで中絶する女性たちを非難し（男性の責任は不問），供養という名目で金銭を支払わせようとする新ビジネスである（荻野 2008）。
4） ただし，2015年現在の日本において，生殖技術を用いた妊娠・出産が認められているのは法律婚（一部事実婚）の夫婦に限定されている。

参考文献
石崎昇子（1997）「日本の堕胎罪の成立」『歴史評論』571：53-70.
板橋春夫（2009）『出産　出産習俗の歴史と伝承「男性産婆」』社会評論社.
岩田重則（2009）『〈いのち〉をめぐる近代史』吉川弘文館.
太田素子（1991）「少子化と近世社会の子育て」上野千鶴子ほか編『家族の社会史』岩波書店，163-179.
太田素子（2007）『子宝と子返し』藤原書店.
大藤修（1996）『近世農民と家・村・国家』吉川弘文館.
岡田あおい（2002）「近世農民家族における家督の継承とその戦略」速水融編著『近代移行期の家族と歴史』ミネルヴァ書房，101-126.
荻野美穂（1995）「誰のために子どもを産むのか」『シリーズ20世紀2　女性』朝日新聞社，174-185.
荻野美穂（2008）『「家族計画」への道』岩波書店.
荻野美穂（2014）『女のからだ』岩波新書.
落合恵美子（2000）『近代家族の曲がり角』角川書店.
折井美耶子編（1991）『資料　性と愛をめぐる論争』ドメス出版.
釜野さおり（2009）「性愛の多様性と家族の多様性」牟田和恵編『家族を超える社会

学』新曜社, 148-171.
鬼頭宏（1995）「前近代日本の出生力と授乳慣行」『上智経済論集』40(2)：19-28.
鬼頭宏（2000）『人口から読む日本の歴史』講談社学術文庫（初出1983年）.
木村尚子（2013）『出産と生殖をめぐる攻防』大月書店.
黒須里美・落合恵美子（2002）「人口学的制約と養子」速水融編著『近代移行期の家族と歴史』ミネルヴァ書房, 127-160.
小泉吉永（2009）『江戸に学ぶ人育て人づくり』角川SSC新書.
香内信子編（1984）『資料　母性保護論争』ドメス出版.
小林亜津子（2014）『生殖医療はヒトを幸せにするのか』光文社新書.
小山静子（1991）『良妻賢母という規範』勁草書房.
小山静子（1995）「「良妻賢母」の形成と変容」『シリーズ20世紀2　女性』朝日新聞社, 46-47.
小山静子（1998）「明治啓蒙期の妾論議と廃妾の実現」総合女性史研究会編『日本女性史論集9　性と身体』吉川弘文館, 276-303（初出1986年）.
小山静子（2002a）「良妻賢母」井上輝子・上野千鶴子・江原由美子・大沢真理・加納実紀代編『岩波　女性学事典』岩波書店, 481-482.
小山静子（2002b）『子どもたちの近代』吉川弘文館.
沢山美果子（1979）「近代日本における「母性」の強調とその意味」人間文化研究会編『女性と文化　社会・母性・歴史』白馬出版, 164-180.
沢山美果子（1998）『出産と身体の近世』勁草書房.
沢山美果子（2006）「堕胎・間引きから捨子まで」落合恵美子編著『徳川日本のライフコース』ミネルヴァ書房, 29-59.
沢山美果子（2008）『江戸の捨て子たち』吉川弘文館.
沢山美果子（2011）「「乳」からみた近世大坂の捨て子の養育」『文化共生学研究』10：157-181.
高木侃（1987）『三行り半』平凡社.
高橋敏（1990）『近世村落生活文化史序説』未来社.
舘かおる（2002）「婦人参政権」井上輝子・上野千鶴子・江原由美子・大沢真理・加納実紀代編『岩波　女性学事典』岩波書店, 413-416.
田間泰子（1991）「中絶の社会史」上野千鶴子他編『家族の社会史』岩波書店, 199-228.
田間泰子（2000）「堕胎と殺人のあいだ」青木保他編『近代日本文化論6　犯罪と風俗』岩波書店, 179-209.
田間泰子（2001）『母性愛という制度』勁草書房.
田間泰子（2006）『「近代家族」とボディ・ポリティクス』世界思想社.

田間泰子（2014）「「産む・産まない・産めない」と日本の戦後」小浜正子・松岡悦子編『アジアの出産と家族計画』勉誠出版，27-62.
塚本学（2013）『生類をめぐる政治』講談社学術文庫（初出1983）.
柘植あづみ（2012）『生殖技術』みすず書房.
中野節子（1997）『考える女たち』大空社.
長野ひろ子（2003）『日本近世ジェンダー論』吉川弘文館.
平井晶子（2008）『日本の家族とライフコース』ミネルヴァ書房.
広井多鶴子（2013）「父と母の制度史」小山静子編著『子ども・家族と教育』日本図書センター，237-256頁（初出1999年）.
伏見裕子（2012）「山形県小国町大宮地区の産屋にみる安産信仰と穢れ観の変化」『女性学年報』33：1-27.
伏見裕子（2016）『近代日本における出産と産屋』勁草書房.
藤目ゆき（1997）『性の歴史学』不二出版.
真下道子（2013）「出産・育児における近世」小山静子編著『子ども・家族と教育』日本図書センター，32-56（初出1990年）.
松崎憲三（2000）「堕胎（中絶）・間引きに見る生命観と倫理観」『日本常民文化紀要』21：119-175.
松原洋子（2000）「日本　戦後の優生保護法という名の断種法」米本昌平・松原洋子・橳島次郎・市野川容孝『優生学と人間社会』講談社現代新書，169-236頁.
山本準「人口学的側面からみた姉家督」落合恵美子編著『徳川日本のライフコース』ミネルヴァ書房，255-282.
吉長真子（2008）「農村における産育の「問題化」」川越修・友部謙一編著『生命というリスク』法政大学出版局，101-139.

（伏見裕子）

第2章 ジェンダーと歴史

コラム2
スポーツにおける女性参加の歴史

　近代五輪第1回大会は1896年にアテネで開催され，古代五輪と同様に女子禁制であった。近代五輪の創始者であるピエール・ド・クーベルタン男爵（P. Coubertin）は，「女性を観衆の面前にさらすことを好まず，優勝者の栄誉をたたえる表彰式の時に，その手伝いをするのが女性の役目」と考えていたようである。第2回大会（パリ，1900）では12名の女性選手が招待されていたが，種目はゴルフやテニスなどに限定されていた。ただ，第2回大会はパリ万博の催し物として開催されたことから，単なる余興程度のレベルだったと考えられる。

　五輪のモットーとされる「より速く，より高く，より強く」は，五輪精神に基づいて研鑽することを呼びかけたものとして現在では捉えられている。しかし，1900年頃の文化的背景から，このモットーは男性競技者を意識したものであり，女性が参加できる種目は「男性社会が求める女性像を崩さない種目」に限定されていたといえよう。同時にスポーツからの女性排除の動きは，科学的・医学的見地と称した女性のスポーツ参加に対する壁を構築する。たとえば，マラソンは「女性にとって生理的に困難なスポーツ」であると捉えられていた。そんな中，女性ランナーがアテネ五輪のマラソンへの参加を直訴したが認められず，他の選手がスタートした後に競技委員の目を盗んで走り完走した。その後も男装しての強行出場など大会参加に向けた多くの女性マラソン・ランナーの挑戦が続き，五輪でのマラソンへの正式な女性参加が認められるのは第23回大会（ロサンゼルス，1984）であった。陸上種目だけをみても，五輪や各種大会で女性選手の参加が認められないことが多く，ミリア・アリス（M. Alice）は国際女子スポーツ連盟を設立し，1922年にパリにて「第1回女子オリンピック大会」を陸上競技のみで開催した。

　日本初の五輪代表女性選手は人見絹江（第9回大会，アムステルダム，1928）であった。東京五輪（第18回大会，1964）では「東洋の魔女」と呼ばれ活躍した女子バレーボールの映像が現在でも放送されることから，昔から日本では数多くの女性アスリートが活躍しているのだと連想してしまうが，この東京五輪日本人選手団の女性選手の比率は17％（男性294人，女性61人）に過ぎなかった。女性選手の参加比率は参加可能種目の増加とともに徐々に高くなっていったが，男女の比率がほぼ同じになったのはアトランタ五輪（第26回大会，1996）からである。

参考文献
(社) 日本体育学会監修 (2006)『最新スポーツ科学事典』平凡社.
内海和雄 (2012)『オリンピックと平和——課題と方法』不昧堂出版.
WSF Japan (女性スポーツ財団日本支部) 会報.
JOC (公益財団法人　日本オリンピック委員会) ホームページ.
　　http://www.joc.or.jp/

(金田啓稔)

第3章

ジェンダーと法律

　本章では，性・ジェンダーと法がどのような関係にあるのかを学ぶ。考えてみれば私たちは生まれてすぐに男女どちらかの性別として戸籍に登載される。これは戸籍法という法律が，親に対して出生から14日以内に「子の男女の別」を届け出ることを義務付けているからである。私たちは，男あるいは女として生まれ，学校，会社，家庭，地域などのコミュニティで社会生活を送ることになるが，その背景にある制度を支えているのが法である。法は性別を規定し，性別によるさまざまな制度を設定すると同時に，人々のなかにある性別観やジェンダー観からも強く影響を受けている。

　次節以降では，性別と両性の平等（法学一般，憲法），性暴力犯罪（刑法），逸失利益（民法），労災保険（労働法）というトピックを扱い，法が平等を実現しつつもさまざまなジェンダー・バイアスに影響されている様子を描いていく。ぜひ自分なりに考えながら読み進めてもらいたい。

1　性と性平等

1.1　性同一性障害と法

　18世紀に活躍したスイスの法学者 J. L. ド・ロルム（Jean-Louis de Lolme）は「議会は，女を男にし，男を女にする以外のすべてをなしうる」（De Lolme 2007：161）とイギリス議会を評した。法と性について考えるときに思い出されるこの言葉は，絶大な権限を有する議会が立法でできないことなど何もないと示すために用いられた。性別の例が持ちだされているのは「女を男にし，男を

女にする」ことなど神ならぬ人間にはそもそも不可能であると考えられていたからである。[1]

 時を経て2003年，心と身体の性が一致しない性別違和の状態にあり，その解消を望む人々を対象に，一定の要件のもとに「女を男に，男を女に」と法的な性別取扱いの変更を可能とする「性同一性障害者の性別の取扱いの特例に関する法律（以下，特例法という）」が日本において成立した。

 この法律は，性同一性障害との診断を2名以上の医師から受け，性別を適合させたいという意思のある者が，法律に定める次の5条件を満たした上で家庭裁判所に申し立てることで戸籍の性別記載を変更するものである。

　① 二十歳以上であること
　② 現に婚姻をしていないこと
　③ 現に未成年の子がいないこと（「子がいないこと」とされていたが
　　2008年に改正）
　④ 生殖腺がないこと又は生殖腺の機能を永続的に欠く状態にあること
　⑤ その身体について他の性別に係る身体の性器に係る部分に近似する
　　外観を備えていること

 性別変更後は，婚姻等にかぎらず可能なかぎり他の法律上も新しい性別として扱われる。ド・ロルムが「万能」なイギリス議会に指摘した唯一の例外を，医学の進歩と立法は乗り越えたのである。

 さて，性や家族に関する法制度についてとかく保守的であると評される日本で，性別自体の変更は一見したところ思い切った改革としか言いようがないが，この法律が専門家も驚くほど早期に成立したのはなぜだろうか。[2] 答えはいくつか考えられる。一つ目は，性同一性障害に苦しむ当事者や支援者たちの積極的かつ効果的なロビイング（国会議員等への立法の働きかけ）である。二つ目は，性同一性障害が，心と身体の性の不一致によって当事者が現に苦悩している紛れもない「病気」であると広く認められたことである。三つ目として筆者はある理由を考えているが，本章において，ジェンダーと法に関するさまざまなトピックを考えるなかで徐々に浮かび上がってくるから，答えは最後に示すことにしよう。

1.2　法による男女平等

> **日本国憲法14条1項**
> 　すべて国民は，法の下に平等であつて，人種，信条，性別，社会的身分又は門地により，政治的，経済的又は社会的関係において，差別されない。
> **男女雇用機会均等法5条**
> 　事業主は，労働者の募集及び採用について，その性別にかかわりなく均等な機会を与えなければならない。
> **男女雇用機会均等法6条**
> 　事業主は，…労働者の性別を理由として，差別的取扱いをしてはならない。

　性差別（多くの場合，女性差別）を許容しない意識が高まるにつれて，性別に基づく差別が法によって禁止されるようになった。ここに挙げた日本国憲法と男女雇用機会均等法はその典型である。このように，法は明示的に男女差別を禁止することによって，一定の領域において性差を考慮しないように人々に要求する。憲法であれば国に，男女雇用機会均等法であれば企業に対して，性差が見えなくなる目隠しをさせることによって，そのうえで行動せよと命令するのである。

　日本国憲法が前提にしている近代の人権思想が，人間であれば誰もが有する生まれながらの権利として人権を定義するとき，「人間か否か」というただ一点しか条件がないのであるから，男か女か，白人か黒人かなどといった事情は，人権に関するかぎり憲法の下では意味を成さない。法は，男女差別を行った企業を取り締まり敗訴させ，また憲法に反する性差別的な法律を無効にすることによって，差別を是正する強い力を発動する。法による平等は，このように法的な決定（判決など）によって強制的になされるものもあれば，差別を許さない法が存在することで，社会の意識自体を変容させるかたちでなされるものもある。つまり，前者のハードな力と後者のソフトな力によって平等を実現するのが法による両性の平等である。

　しかし，法がさまざまな差異を見ないように命じ，「差別してはならない」と定めたからといって，差別それ自体が社会から消えてなくなるわけではない。

また，法はあらゆる状況におけるあらゆる差別を一律に禁止するわけでもない。やむにやまれぬ目的による最低限の差別的取り扱い（たとえば女性にだけ産休を認めるのは確かに「差別」ではあるが，生物学的にやむを得ないとされる）であれば憲法違反にはならないからである。そこで問題となるのは，法が差異に着目することを禁止したとしても，社会に実際に残る差別をどう考えるべきか，そして，どの領域におけるどのような差別であれば法的に許容されるのか，である。その答えは時代，地域，文化によって変わるかもしれない。

　たとえば，あらゆる人間に認められる「人権」を定め，近代人権思想の代表といわれる1789年のフランス人権宣言の正式名称は，「人と市民の権利の宣言」(Déclaration des Droits de l'Homme et du Citoyen) であるが，この Homme は英語の Man と同様に，人間を指すこともあるがそもそも男性を意味している。実際にフランス人権宣言の定める「人権」はフランスの男性市民にしか認められなかった。これに抗議して Homme（男性）を Femme（女性）に，市民という単語の男性形 Citoyen を女性形である Citoyenne に置き換えて，「女性の人権宣言」を発表したオランプ・ド・グージュ（Olympe de Gouges）という女性は，あらゆる人間に「人権」を保障したはずの革命政権によってギロチンに掛けられ処刑された[3]。この歴史的事件からもわかるように，社会がジェンダーによる差異を当然のこととして受け入れている場合には，性差別は隠蔽され，かえって法はその差別に自らがもつ強い力を貸してしまうのである。次節以降において，具体的にこれらの問題を検討してみよう。

2　性暴力とジェンダー・バイアス

2.1　強姦罪は何を守っているのか？

　犯罪と刑罰について定める刑法は，性暴力の態様として強姦罪，強制わいせつ罪を規定している。法務省が発表した平成27年版の『犯罪白書』によると，強姦罪の認知件数は1,250件，強制わいせつ罪は7,400件となっている。一般的に性暴力犯罪は，他の犯罪に比べて被害者が通報・届出をしないことが多いので実際はこれよりも多く発生していると推定される（統計に表れない事件数の

ことを暗数という)。性暴力は「魂の殺人」とも呼ばれ，被害者の尊厳を大きく傷つけ，ときに自殺に至らしめるほどその後の生活を破壊する重大な犯罪である。このような性暴力に関する法制度には，社会に存在するジェンダー観を背景にしてさまざまな問題が指摘されている。たとえば，強姦罪の刑罰が，同じく暴力的手段を用いながら財産を強奪する強盗罪より軽いことが批判され，法改正の検討が始まったことは記憶に新しい。そこで，まずは性暴力犯罪の基本的なことがらから確認してみよう。

> **刑法176条**（強制わいせつ）
> 　十三歳以上の男女に対し，暴行又は脅迫を用いてわいせつな行為をした者は，六月以上十年以下の懲役に処する。（略）
> **刑法177条**（強姦）
> 　暴行又は脅迫を用いて十三歳以上の女子を姦淫した者は，強姦の罪とし，三年以上の有期懲役に処する。

　注目されるのは，強制わいせつは男女ともに被害者となりうるのに対して，強姦罪は被害者が女性に限られる点である。強姦罪にいう「姦淫」が男女間の性交のみを指しているのだから当然と感じるかもしれないが，男女間の性交に限られているからといって女性から男性への強姦の可能性は否定できない。強姦罪のほうが，被害者の性別を問わない強制わいせつ罪よりも刑罰が重いことから，女性をより強く保護しようとする法律の趣旨を感じ取ることができる。
　女性の保護について強姦罪は多くの論点を抱えている。強姦罪の保護法益（法が刑罰を設けて禁止することによって守ろうとする利益）は，過去の長きにわたって，男性に嫁ぐ（嫁いだ）女子の「貞操」とされ，その女子の個人的なものというよりは社会的に守るべき法益であるとされてきた。戦前からこれに批判的な学者はいたものの，戦後に日本国憲法が施行されて，さらに数十年を経てやっと一般的に保護法益は性的自由（または性的自己決定権）であるとされた。性的自由とは，誰と性交渉をするか，あるいはしないかを自分で決定できるという意味での自由である。したがって強姦罪は，女性の性交渉に関する自己決定権を侵害する行為を罰するものと言い換えることができる。しかし

考えてみれば，性的自由が保護法益であるとすると，強姦罪の被害者が女性に限られていることに疑問が生じる。男性には性的自由がないのだろうか。政府はこれについて，男性であろうと女性であろうと性的自由は強制わいせつ罪によって守られるのであって，強姦罪の対象が女性に限定されているのは男女の生物的な差異等に基づき女性を保護しようという考えによるものと繰り返し説明している。[5] 最高裁判所も，女性のみを被害者にする強姦罪の規定が憲法14条1項に定める両性の平等に反するかが争われた裁判で，「男女両性の体質，構造，機能などの生理的，肉体的等の事実的差異に基き…社会的，道徳的見地から被害者たる「婦女」を特に保護」[6]するものであると述べている。女性の性的自由を事実的差異に基づいて特に保護するための規定が強姦罪なのだという。しかし，男女間で性的自由の重みに違いはないはずであるから，保護法益の観点からは，女性にだけ保護すべき何か別の法益，つまり女性についてだけ暗黙のうちに貞操を期待し，これを保護しようとしているとも考えられる。この推測がどこまで正しいのか，次項以降で，性暴力犯罪へのジェンダー観の影響を分析しながら確認しよう。

２.２　夫婦間レイプ

　強姦罪が女性を特に保護するものであるとする説明は本当なのだろうか。奇異に感じるかもしれないが，刑法の世界ではそもそも夫婦の間で強姦罪が成立するのかが議論になっている。夫婦関係は性交渉を伴うのが通常であり，性交渉の長期・継続的な拒絶が民法に定める離婚事由に当たるという裁判例もあることから，夫婦間には原則として強姦罪が成立しないという伝統的な見解がある。これによれば婚姻は「性交渉の包括的同意」を含んでいるから，夫婦間では婚姻関係が実質的に破綻している場合をのぞいて強姦罪が成立しないとされる（暴行・脅迫罪成立の余地は認める）。法律上の夫婦ではあるが婚姻関係が実質的に破綻しているなか，夫が妻を強姦した事件で広島高等裁判所松江支部は次のような判決をした。

　　婚姻中夫婦が互いに性交渉を求めかつこれに応ずべき…関係にあることは

いうまでもない。…「婚姻中」とは実質的にも婚姻が継続していることを指し，法律上は夫婦であっても，婚姻が破綻して…名ばかりの夫婦にすぎない場合には，…強姦罪が成立…する。[7]

　この判決は，法律上かつ実質上も夫婦であれば強姦罪は成立しないと強く示唆していないだろうか。そもそも欧米でも夫婦間の強姦罪を認めない「婚姻免除」という法理論が伝統的にあったのは事実であるが，勃興するフェミニズム運動の影響などから法改正が進み，たとえばアメリカではほぼ夫婦間の免除はなくなった。夫婦であっても性交渉に応じるか否かの選択権はその都度残されているべきであり，暴行や脅迫を伴うレイプがたまたま夫婦間で行われただけで強姦罪の成立を否定し，その結果，暴行罪，脅迫罪，強要罪等の強姦より軽い罪だけを認めることが，「生物的な差異等に基づき女性をとくに保護しようと」する解釈なのかは大いに疑問が残る。このような解釈には強姦罪の保護法益を，女性の性的自由の保護よりも夫に対する貞操と考える傾向が透けて見える。
　一方で，夫婦間に無制限に強姦罪が成立すれば「刑法がフリー・パスで夫婦の寝室に入ることであり，政策的にも妥当でない」（町野 1996：295）との指摘もあり，これは古代ローマより伝わる法格言「法は家庭に入らず」の伝統とあいまって主張されている。しかしフェミニズムはこのように家庭内の「私的なこと」(the private) を隠れ蓑にして女性が虐げられてきた歴史を告発したのであり，これを「政治的」(the political) または公的なところに引っ張りだすのを政策的に誤っていると即断することはできないだろう。ドメスティック・ヴァイオレンス（DV）を防止する「配偶者からの暴力の防止及び被害者の保護に関する法律」（DV 防止法）も成立した今，夫婦であるという理由だけで性暴力犯罪の成立を家庭から追い払うことはますます支持できないだろう。

2.3　暴行・脅迫の程度

　強姦罪には，「暴行脅迫を用いて」という要件が存在する。これはいわゆる合意の上での性交（和姦）と強姦とを分ける基準であるが，どの程度の暴行脅迫がなければならないのかが議論となっている。

最高裁は，強姦罪における「暴行又は脅迫は相手方の抗拒を著しく困難ならしめる程度のものであることを以て足りる」として，抗拒（抵抗拒絶）を抑圧する程度までは必要としないが，単に暴行・脅迫があったというだけでは足りず，その中間の抗拒困難な程度まで達していないと強姦に当たらないと判断している。背景には，性行為には有形力の行使（身体的接触のことと思ってよい）が当然伴うのだから，一定のレベル以上の暴行・脅迫を要件としなければ，法的安定性を著しく損なうという懸念がある。法的安定性とは，いつどのような行為をすれば自己に法的な不利益が振りかかるかの基準が安定的に知られることであって，この事例では，性行為の際に許される有形力の行使の程度があらかじめはっきりしている状態を指す。いつ「通常の」性交が犯罪とされてしまうかわからないという（当然ながら男性の）危惧は，「疑わしきは被告人の利益に」や「刑罰は抑制的に科されるべし」いった刑事法の大原則によって正当化されていく。

　これに対して昨今では，強弱を問わず暴行・脅迫があったならば犯罪として扱うべきだという考え方も主張されている（たとえば島岡（2012：387），角田（2013：150-154））。強姦罪が，性的自由の侵害を処罰するものだとすれば，本来は女性が性行為に同意したかどうかこそが問われなければならない。しかし女性が本当に同意していたのかは内心の問題であるから，外部からそれを窺い知ることはできない。そこで，女性が同意しない場合に無理やりに性交しようとすれば当然抵抗され，それを抑圧する暴行または脅迫が用いられるから，目には見えない同意の不存在を目に見える暴行・脅迫に置き換えて要件化したと考えるのが解釈上も自然である。そうであるとすれば，暴行・脅迫の程度を問うことはナンセンスである。暴行・脅迫それ自体が同意の不存在を強く推定させるから，程度を同意の有無の根拠とすることはやはりおかしいのである。だが裁判所をはじめとする通説は，本当に嫌であれば必死に抵抗するはず，きちんと抵抗すれば逃れられるはず，必死の抵抗を上回る異常な暴行・脅迫がなければ強姦はできないはずという「強姦神話」に基づいている。そこからさらに，振るわれた暴行・脅迫の程度が低いのは女性の拒絶感情が低かったからであり，一般に拒絶感情が低いのは貞操観念に乏しいからであると飛躍的に推論してい

くのである。

　たとえば，同意の有無が問題となる事件において，被害者の経歴を重視する裁判所の姿勢によく表れている。芸能事務所所属歴，コンパニオン活動歴，アダルトビデオ出演歴が貞操観念の低い人物という認定をもたらし，それによって同意の推定，ひいては被害者証言の信用性までもが判断されている[10]。このような状況のなか，強姦罪の暴行・脅迫の程度を高く設定すると，貞操観念ある女性とそうでない女性を分け，前者のみを保護することになってしまうだろう。被告人の罪を裁くはずの法廷が，被害者の貞操観念をも裁く場となっているのである。この構造は，捜査や裁判において被害者がさらに心理的ダメージを負わされるいわゆるセカンドレイプ問題とも関連し，強姦被害の泣き寝入りにつながっている。

2.4　貞操から，真の意味での性的自由へ

　ここまで性暴力犯罪とりわけ強姦罪におけるジェンダー・バイアスのありようをいくつかみてきた。強姦罪は女性の性的自由を特に保護するために設けられたといわれているが，個々の論点を詳しく検討してみると，「貞操」という概念が今なお影響力をもっていることが明らかになった。さらにその概念は，女性は貞操を守らなければならないという社会規範に強く下支えされていることがわかる。強姦罪の被害者を女性に限定し保護することは，男性よりも女性を厚く保護するという意味で女性への配慮であるといった見解は，社会的利益としての貞操保護が暗黙裡に前提されていることを見逃している。

　両性の平等を謳う憲法下で性的自由を保護法益とする性暴力犯罪は，女性に貞操を求めるジェンダー・バイアスに囚われることなく，意に反する性交渉を強いる自由侵害と，暴力性を備えた性的暴行として再定位されるべきであろう[11]。

3　命の値段のジェンダー・バイアス

3.1　逸失利益の格差問題とはなにか？

　数年前に，ハーヴァード大学のマイケル・サンデル教授による「正義」の講

義が日本でもテレビ放送され話題になった。彼の授業では，人それぞれがもつ道徳的な正しさの基準を，さまざまな葛藤状況からあぶり出す手法が用いられていた。その一つを少しアレンジした設例から本節を始めよう。

　　路面電車の運転士であるあなたは日々の仕事の疲れからかボンヤリしていた。すると前方の線路上に男性がいるのを直前になって発見した。慌ててブレーキをかけるがとても間に合わない。ふと右を見ると枝分かれした待避線が目に入る。ポイントを切り替えて電車を待避線に向けようとするが不幸にも退避線上には別の女性がいた。あなたはどうするべきか。[12]

　男性か女性のどちらか一方は確実に死なせてしまうが，どちらを死なせるかを私が選べてしまうのがポイントである。そんなことを考えたくはないと思う人も多いだろう。さて，驚くべきことに，経済合理性だけを考えて行動するならば，ポイントを切り替えて女性を死なせる方が「得」であると過去の裁判例は教えてくれる。

　民法709条は，故意または過失によって人を死亡させてしまった場合には，それによって生じた損害を賠償しなければならないと定めている。

民法709条
　故意又は過失によって他人の権利又は法律上保護される利益を侵害した者は，これによって生じた損害を賠償する責任を負う。

　損害は，加害者の行為によって被害者が実際に支出した費用を指す積極的損害と，加害者の行為がなければ得られたはずの利益（逸失利益）を指す消極的損害，精神的苦痛を指す精神的損害に分類される。設例では，電車に轢かれたあとしばらく入院してから死んだとすれば入院治療費などが積極的損害に当たる。生きていれば得られたであろう利益が消極的損害に当たり，轢かれた際の苦痛である慰謝料が精神的損害に当たる。積極的損害と慰謝料についても議論があるが本節では扱わない。ここでは逸失利益の算定方法について裁判例をもとに，司法が性平等とジェンダー・バイアスのあいだで葛藤する様子を概観し

たい。

　そもそも，生きていれば得られたであろう利益とは何か。事故で死ななければ旅行も行けたかもしれないし，結婚して幸せに暮らせたかもしれない。これらはいずれも財産的な損害ではないので逸失利益には含まれず，慰謝料算定の一要素として考慮される。では，財産的な逸失利益とは一体どのようなものであろうか。現在では，加害者の行為によって失われた労働能力のことであるとし，それを金額に換算してその額を決めることになっている。具体的には，被害者の収入を稼得可能年数（生きていれば働けたであろう残りの年月）で掛けて，生きていれば消費したであろう生活費を引いた額を基礎とし，そこからさらに将来もらえるはずの収入を死亡によって早く受け取れる分の中間利息を引いて逸失利益の額を算出する。計算式にすると次のようになる。

　　死亡の逸失利益＝年収×稼得可能年数－生活費－中間利息控除額

　死亡に至らない傷害の場合に，加害行為によって労働能力が何％失われたのかを検討し（言語障害が残った場合は35％など），それに収入を掛けた額を逸失利益とする法実務の考え方を基礎にして，死亡の場合には労働能力を100％喪失したと考えるわけである。

　逸失利益を，実際に失われた労働能力またはその反映である収入と考えるのであれば，被害者が生前にいくら稼いでいたのかに応じて賠償すべき額が変わることになる。たとえば轢かれた男性が大卒で，女性が高卒であるとすると，前者のほうが収入が高い（ことが多い）ので，逸失利益も当然多くなる。また被害者が若い方が，残された稼得可能年数が多いので，引かれる生活費も高くなるがそれでも逸失利益の額が大きくなる。実際の喪失・減収を基礎とするかぎりこのような格差が生じることは当然であり，女性被害者への賠償額が男性より低くなったとしても，法による性差別というよりは女性の方が実際に低収入の傾向にあるという社会構造の反映に過ぎないということになる。だがこのような結論で本当によいのだろうか。難しい問題である。実際の収入を想定することが困難な主婦と子どもの死亡ケースを題材に次項以降で検討してみよう。

3.2 主婦の逸失利益

　専業主婦は年々減少しているとはいえ，内閣府のまとめた『平成27年版男女共同参画白書』によれば，専業主婦のいる家庭は全国でおよそ720万世帯となっている。専業主婦の担う労働は，家庭内での炊事，洗濯，掃除，子育て，介護，日用品の買い物など多岐にわたるが，労働の対価が金銭で支払われることはないため無償労働の典型とされている。このような労働を「アンペイド・ワーク（実際の収入を生まない労働）」と呼ぶ。収入がないのであるから専業主婦が死亡した場合に逸失利益は存在しないということになりそうである。

　裁判所の判断はかつて，専業主婦に逸失利益はないと考えるもの（否定説）と，あると考えるもの（肯定説）に分かれていた。

　少し古いが東京控訴院（現在の東京高等裁判所）は「自己の収入として一定の対価を取得しうべき関係なき本件において…最低賃金を標準として…利益を基定し…損害の賠償を命じうるものとする見解は…首肯し難[13]い」として，主婦の逸失利益を否定していた。しかし時代を経るにつれ，家事労働が無償であることに対する疑念がフェミニズム運動のなかから湧き上がってきたこともあって，家事労働の価値を認める方向へと動いていった。

　最高裁判所は，ついに1974（昭和49）年7月19日に次のように判決をして逸失利益の請求を認めた。

　　結婚して家事に専念する妻は，その従事する家事労働によつて現実に金銭収入を得ることはないが，家事労働に属する多くの労働は，労働社会において金銭的に評価されうるものであり，これを他人に依頼すれば当然相当の対価を支払わなければならないのであるから，妻は，自ら家事労働に従事することにより，財産上の利益を挙げている。…対価が支払われないことを理由として，妻の家事労働が財産上の利益を生じないということはできない[14]。

　この判決を報じた新聞は「家事労働に"日の目"，財産価値を認める」との見出しでウーマンパワーの向上を反映したものとして最高裁の判断を歓迎した[15]。

この事件は，7歳の女児が交通事故により死亡したため，両親が加害者を相手取って，女児が生きていたら高卒後から当時の定年である54歳に達する36年間収入を得るはずであったとして逸失利益を算定し，損害賠償請求したものである。一審の東京地方裁判所は両親の訴えをほぼ認めたものの，二審の東京高等裁判所は，被告側の主張した結婚退職の可能性をふまえ「高等学校を卒業し，…女子の平均初婚年齢25年に達する…まで就職し，結婚と同時に離職するものと認めるのが相当である」として，逸失利益を極めて限定的にしか認めず，婚姻して専業主婦となって以降の逸失利益を否定したため，両親が最高裁に上告した経緯がある。最高裁は上記のように家事労働の逸失利益性を認めたうえでその額の算定について，家事労働の価格の評価は実際上困難である場合が多いと指摘し，「具体的事案において金銭的に評価することが困難な場合が少なくないことは予想されうるところであるが，かかる場合には，現在の社会情勢等にかんがみ，家事労働に専念する妻は，平均的労働不能年令に達するまで，女子雇傭労働者の平均的賃金に相当する財産上の収益を挙げるものと推定するのが適当」であるとした。
　ここには一種の混乱がある。家事労働の財産的価値を認める根拠は，吉田克己によれば大きく分けて二つある（吉田 2013：139）。ひとつは専業主婦が家事労働をせずに市場において労働していれば収入を得られることを根拠とする機会費用説であり，もうひとつは家事労働を市場で調達すればお金がかかることを根拠とする潜在的商品性説である。最高裁は，家事労働が財産的価値を持つのは「他人に依頼すれば当然相当の対価を支払わなければならない」からとし明らかに潜在的商品性説を採用しているのだから，家事代行サーヴィス（クリーニング，介護，食事提供等）によって市場価格が形成されている以上，「女子雇用労働者の平均的賃金」などといわずに，その価額を積み上げていくべきである。それにもかかわらず最高裁が女子平均賃金を採用したのは，「金銭的に評価することが困難」だからだけではなく，家事労働という仕事が女性によって担われていることに微塵も疑いを抱いていないからではないだろうか。最高裁の立場を首尾一貫したものとするためには，市場で調達される家事代行サーヴィスの担い手も女性であることを前提にしていると考えるのがわかりやす

い。そうすれば，個々の家事労働の金銭的評価が困難であるという理由で，その労働を担っている女性労働者の平均賃金を使うことは十分合理的でありうるからである。

このように，主婦の逸失利益をめぐる裁判所の判断は，家事労働の財産的価値を認めるようになったという意味で進展が見られるものの，およそ炊事，洗濯，掃除といった家事一般を女性の役割とする性別役割分業観に基づいていると評価せざるをえない。ここに根深いジェンダー・バイアスを見て取るのは決して深読みではないだろう。

3.3 子どもの逸失利益

逸失利益が実際の労働能力喪失または減収であるとすると問題となるのは，いまだ収入を得ていない子どもも同様である。将来，どのような職業につき，いくらの収入を得るかが未知数の子どもの逸失利益はどのように考えるべきであろうか。この難問に対して現在のところ裁判所は賃金に関する統計資料を用いることで一貫しているが，当初，最高裁判所は「少くともどれだけの純収入を得るか，それを…死亡当時に評価してどれだけの数額になるかを算定することはきわめて困難な問題である[17]」として子どもの逸失利益の賠償を認めていなかった。現在のように，子どもの逸失利益の算定を統計によって肯定するようになったのは1964（昭和39）年の次のような判決である。

> 年少者死亡の…消極的損害の賠償請求については，一般の場合に比し不正確さが伴うにしても，裁判所は，被害者側が提出するあらゆる証拠資料に基づき，経験則とその良識を十分に活用して，できうるかぎり蓋然性のある額を算出するよう努め，…より客観性のある額を算出することが，…損害賠償制度の理念にも副う[18]。

この判決で裁判所が要請しているのは「蓋然性のある額」である。つまり，もし死亡した子どもが生きていたら得るであろう額を予測し，なるべく未来予測の的中率が高くなるよう努めることが大切だというのである。この事件で死

亡したのは8歳の男児であったことから，計算の仕方に争いはあるにせよ統計資料にある男子の平均賃金を利用することはほぼ通説となった。蓋然性の高いデータだと考えたわけである。

さて，前項で紹介した7歳女児の事件を思い出してほしい。最高裁は，生きていればどのような人生を送っていたのかが未定の7歳女児の逸失利益の基礎を，統計資料にある「女子雇用労働者の平均的賃金」によって算定していた。「賃金センサス」によると，残念ながら日本社会においては年々その差は縮小しているがいまだ男女間の賃金格差が著しく，2014年においても男性を100とすると女性は72.2に過ぎない。したがって女児の逸失利益は男児よりも少なくなる。

これに対して，この逸失利益の格差が，日本社会に存在する差別的な雇用環境をまったく非のない子どもに押し付ける性差別であるとして，女子の平均賃金を用いるのは妥当ではないとの批判がある。男女の賃金格差には，女性労働者の一般職採用（コース別採用），結婚による退職（寿退社），出産・育児による退職といった性別役割意識に基づく社会慣行が大きく影響している。このようななかで未来ある男児・女児の姿を思い浮かべるとき，幼くしてすでに期待される稼得能力に差があり，死亡時にはその格差を反映した逸失利益が算定されるというのは，私たちの直観に反しているようにも思われる。前掲の男女雇用機会均等法や労働基準法によって性別を理由とする差別が禁止されているなか，社会的差別構造を反映した賃金格差を裁判所が「公認」してしまうことも問題なしとはいえないだろう。また，女児が生きていれば労働年齢に達する未来において，男女格差は縮小または解消している可能性もある。したがって，全労働者の平均賃金（差別がなければ男性並みの賃金が実現するはずだと考えるのであれば男性の平均賃金）を用いるべきだと主張されることになる。

他方で，女児死亡の場合には女性の平均を用いるべきだと考える立場もある。これによれば，そもそも損害賠償は，事実として生じた損害を実際の可能性が高い数値でもって賠償させることを目的としており，差別的な背景によって生じる結果だとしても，それは損害賠償とは別の問題であって，雇用環境に関連する法制度によって是正されるべきであるとする。また，たしかに性差別によ

って不当に逸失利益額が低くなってしまうことは，被害者のことを思えば気の毒ではあるけれども，他方で加害者の立場からすれば，社会の差別構造を直接生み出したわけでもないのに実際の損害を超える賠償を命じられることでそのツケを払わされるのは不当であるという。

そのようななか，最高裁は1986年，死亡女児の逸失利益の算定について「賃金センサス…女子労働者の全年齢平均賃金額を基準として収入額を算定し」，そこから中間利息などを控除することは「死亡した幼児の将来得べかりし利益の算定として不合理なものとはいえず…，正当として是認することができ[19]」るとの判決を言い渡した。注目されるのは，裁判官の中で最高裁の判事だけが個人名を記して意見を書くことができることになっており，この事件で伊藤正己判事が全体の結論には同意しながらも次のような補足意見を述べたことである。

> 幼児については，…男女を含む全産業常用労働者の平均賃金を基礎とする手法もまた，必ずしも不合理なものということはできず，むしろ積極的に評価してよい視点が含まれているように思われる。…個人の尊厳ないし男女平等の法理に照らすと，多くの可能性をもち，その将来が極めて不確定な要因に富む…幼児の逸失利益を算定するに当たつては，理念的には，まずもつて男女による性差別を問う以前の人間的存在を対象として，その労働能力の金銭的評価を行つてよい側面をもつと考えられるし，更に，近時の社会情勢等にかんがみると，前記のような男女格差の原因を成している雇用形態，賃金体系等が，将来とも長期にわたつて変容を来たさないことは，にわかに保し難いからである。

つまり伊藤判事は，現実に存在する平均賃金の男女格差を利用することそれ自体が性平等に適わず，男女別平均賃金を用いるにしても急速に変動する社会情勢のなかで将来予測として精度が必ずしも高くない点を根拠としている。しかしその後いまだに，最高裁が明示的に女児の逸失利益について全労働者平均賃金を使って算定したことはない。

このような最高裁の立場はやはり問題ではなかろうか。本節冒頭の路面電車

第3章　ジェンダーと法律

の事例を思い出してみよう。線路上にいたのが男児と女児であったとしよう。逸失利益の額を低くするためには女児を轢くことを選ぶのが経済合理的であるという差別的なメッセージを裁判所や法が発しているのだとすれば，他の分野で性平等を求めることも，その一貫性のなさから説得力に欠け，困難になると言わざるをえない。右手と左手で相反することをなす存在を私たちは信用することができない。

　また，損害賠償制度は実際の損害を賠償するものであるから子どもの将来を高い精度で予測できる数値を用いるべきであり，性別による賃金格差が生じている以上，男女別平均賃金の使用はやむを得ないのだという主張も，やはり不当である。もし将来予測の精度をいうのであれば，例外（高収入女性・低収入男性）が多くなってしまう「粗い」性別指標を用いるべきではない。より精度を上げるためには，「両親や親族の学歴・職業」「家庭の経済状況」「居住地」「学業成績」といった比較的簡単に手に入り，しかも性別より将来予測の精度が高い指標を用いたほうがよいことになろう。しかし，親が大卒エリートか，金持ちか，都心在住か，子どもの成績がよいかによって，子どもの逸失利益の額を算定することを許容できるだろうか。本人に一切責任のないこれらの事情を考慮することは許されない差別だと私たちは憤るに違いない。

　では，なぜ同様に本人の選べない性別による差別は容認されているのだろうか。それは，単に性別という属性によって異なる取り扱いを受けることに私たちが慣れてしまっているからに過ぎない。性別という分け方を当然だと考え，性別によって職種や在職期間そして収入がある程度決まっているはずだというジェンダー・バイアスが潜んでいるのである。すでに述べたように，逸失利益の算定において性別を考慮することに正当な理由は存在しないのであるから，バイアスを取り払い，格差の是正，逸失利益額の統一を図るべきであろう。

　ちなみに，その後，東京高等裁判所等の下級裁判所で，女児死亡による逸失利益を，女性ではなく全労働者の平均賃金に基づいて算定する判例が現れた。その理由を次のように述べている。

　　性別という属性のみを採り上げることは，収入という点での年少者の将来

の可能性を予測する方法として合理的であるとは到底考えられず，性別による合理的な理由のない差別であるというほかはない。年少者の逸失利益を算定するのに，性別以外の属性は無視せざるを得ないというのであれば，性別という属性も無視すべき筋合いであると考えられる。[20]

　この判決理由が指し示す方向は正しいと思われるが，いまだ難しい問題が残っている。この判決のように，女児の逸失利益の算定を全労働者の平均賃金を基礎にしたからといって問題は解決していない。なぜならば男児の逸失利益はなお男性の平均賃金を基礎にしているので，女児の逸失利益は男児より低く評価されたままだからである。男児についても全労働者の平均賃金を利用することにすると，男児の損害賠償額が現在よりも減ってしまうことを恐れているのである。この問題をどう解決するかを私たちは今後も考えていかなければならない。[21]

4　価値のジェンダー・バイアス

4.1　労働者災害と保険

　工事現場の壁やヘルメットに書かれた「安全第一」の文字を見たことがあるだろう。労働に危険はつきものである。人の活動あるところ，事故や疾病のリスクは避けがたい。かつて労働者に降りかかる災害は，炭鉱や鉄鋼所といった危険性の高い職場，長時間労働など過酷な労働環境にあった繊維業を中心に，建設業，運送業といった機械や自動車を使用する職場にも拡がっていた。過労死が社会問題となり，うつ病等の精神障害も広く労働災害として認められるようになると，サーヴィス業やデスクワーク中心の労働者にとっても，業務に伴う傷病のリスクは身近なものとなってきている。

　さて，一定確率で生じてしまう事故に備えるため，国が管掌して保険の給付を行う制度が労働者災害補償保険（労災）であり，労働者災害補償保険法という法律によって規律されている。労災は，業務中または通勤中にそれが原因で負傷，発病，死亡した場合に，治療代や休業補償，障害が残った場合の補償，

表3-1 労働者災害補償保険法施行規則のなかの等級表

障害等級	男性	女性	給付内容
7級		外貌に著しい醜状	年131日分（年金）
12級	外貌に著しい醜状	外貌に醜状	156日分（一時金）
14級	外貌に醜状		56日分（一時金）

（出所）　労働者災害補償保険法施行規則別表第一（当時）。

遺族に対する補償等を給付してくれる制度である。なかでも障害が残った場合には，後遺症の内容によって厚生労働省が定めた障害等級にしたがって一定額が支給されることになっている。

さて1995年，京都府の金属加工会社に勤める男性が金属溶解作業にあたっていたところ，溶解金属を浴びてしまい火傷を負う事故が発生した。治療を行ったが，右頰から顎，首，胸，腹，背中，手，脚などに瘢痕（火傷あと）が残ってしまった。そこで男性は障害補償給付を求め労働基準監督署に給付申請を行ったところ，労働基準監督署は，厚生労働省が定める労働者災害補償保険法施行規則の中の等級表に基づいて給付額を決定した。ところが等級表には，同じ障害が残ったとしても性別によって異なる等級に付される定めがあったことから，男性はこれが性別による差別であるとして処分の取り消しを求める訴訟を提起したのである。この事件を題材にして「顔」をめぐる司法とジェンダーに迫ってみよう。

4.2　「女は顔」，「男は顔ではない」？

男性が問題にしたのは，外貌醜状と呼ばれる後遺症で，頭，顔，首など通常衣服等で隠れない体の部分のうち手足を除いた部分に，人目に触れる形で存在する瘢痕，線条痕，欠損についての等級の格差である。つまり私たちが通常「顔」とあいまいに表現する首から上の部分といってよいだろう。当時の等級表を示せば表3-1のとおりとなる。

外貌醜状は，程度を二段階に分けて等級付けることになっていて，女性の「著しい醜状」が7級であるのに対し男性が12級，女性の単なる「醜状」が12級に対し男性が最低の14級とされている。男性は，外貌醜状については12級と

され，その他の後遺障害と併せて11級の後遺障害等級と判定された。

そこで男性は，外貌醜状障害の等級について男女に差を設けることが憲法14条1項（本章第1節前掲）で禁止される性差別に当たり，しかも「著しい外貌醜状」については，女性は7級で男性は12級と実に5級差があり，症状がある限り毎年給付される7級の年金と12級の一時金にはあまりに大きな差があるから，これが不合理な差別に当たると主張したのである。

これに対して被告の国は，さまざまな統計を利用して，外貌醜状障害によって男女が受ける影響に事実的・実質的な差異があると反論した。まず「労働力調査」や「国勢調査」を引いて，「女性の就労実態としては，男性と比較して一般的に応接を要する職種への従事割合が高い」から，女性により大きな就労機会の制約が生じるとし，さらに，化粧品売上の統計などから「女性が男性に比して自己の外ぼう等に高い関心を持つ傾向がある」ため，外貌醜状がもたらす精神的苦痛の程度にも明らかな差異があるという。

京都地方裁判所は，「外ぼうの醜状障害により受ける影響について男女間に事実的・実質的な差異があるという社会通念があるといえなくはない」から，「本件差別的取扱いについて，その策定理由に根拠がないとはいえない」としながらも，差別的取り扱いの程度に5級の差があることの「不合理さは著しいものというほかない」とした。そして次のように結論づけた。

> 障害等級表の本件差別的取扱いを定める部分は，合理的理由なく性別による差別的取扱いをするものとして，憲法14条1項に違反するものと判断せざるを得ない。[22]

敗訴した被告の国は控訴せずにこの判決はこのまま確定した。敗訴を受けて厚生労働省は等級表の見直しに着手し，外貌に関する男女の区別を廃止した新たな等級表を2011年に施行した。これによって障害等級表から男女の別がある障害は睾丸に関するものだけとなった。

さてこの判決は，当該等級表が平等な取り扱いを保障した憲法に違反すると結論づけたものの，外貌醜状によって受ける影響に男女の差異がありうること，

さらにそれによって給付に関する異なる取り扱いがありうることも認めている。ただし判決は、「そもそも統計的数値に基づく就労実態の差異のみで男女の差別的取扱いの合理性を十分に説明しきれるか自体根拠が弱いところであるうえ、…社会通念の根拠も必ずしも明確ではない」と述べているのである。つまり、国側の主張の証明が不十分であることを指摘しているに過ぎない。逆にいえば、外貌醜状で生じる職業選択に対する制約や精神的苦痛の程度の男女差についてそれなりの根拠が示されるならば、差別的取り扱いも許される場合が十分あることを示唆している。

しかし、事実的・実質的差異があるかどうかはそれほど重要なことなのであろうか。

4.3 ジェンダー・バイアスに基づく保護

実際に、顔に障害が残った場合に職業選択への制約が男性より女性の方が大きいという事実があると仮定してみよう（現実にあると筆者も思う）。しかしその事実は、社会に現存する「接客業は女性のほうが良い」とか「綺麗な女性のほうが接客に向いている」などという性別役割に基づくバイアスあるいは偏見から生み出された雇用環境下で生じたのだから、それを理由にして格差を容認してはならないのではないか。また「女だから、顔が傷ついたら精神的苦痛を受けるはず」という想定も同様である。

外貌醜状を負うと女性のほうが生きていくことが困難になるという国の主張や裁判所の見解は、それだけ社会が女性の外貌について執着していることの証拠にほかならないのであって、生きづらくさせている原因の不当性を問うことなく、「事実だから」として性別を利用することは、前節でも述べたように不当と言わざるをえない。

労災における外貌醜状の例は、給付額だけに着目すれば「女は顔が命」といったジェンダー・バイアスによって女性が経済的利益を得られ、むしろ男性が損をする「逆差別」の典型例といえる。では女性は本当に優遇されているといえるのだろうか。

厚い保護の対象であることは、言い換えれば、保護なしには生きていくこと

ができない弱い存在として,保護者（父＝男性）にみなされていることでもある。つまり,子どもに保護者が必要であるように,社会において一人前の人格としてみられていないのである。もちろん,社会に構造的な差別がある場合には法的な「保護」が不可欠である。だが,徐々にでもジェンダー・バイアスから解放され個人としての尊重を手にしたならば,いつまでも被保護者に安住することなく,目先の利益を捨て去り,責任の重さを引き受けていくことも必要である。この事案のようなバイアスに裏打ちされた優遇差別は,真に対等な主体とは何かという問題を想起させるのである。

5 ジェンダーの視点で法を生きる

　法制度に潜むジェンダー・バイアスに検討を加える中で,法が社会に対する強い影響力をもっているがゆえにその影響力をバイアスの強化にも向けてしまう作用をここまで具体的に確認してきた。このようなバイアスは社会規範として,社会規範を反映した法制度というかたちでも,男女平等・男女共同参画社会の実現を阻んでいる。

　本来,両性の平等を謳う憲法の精神からは,法の世界に根強くあるバイアスの解消のためにこそ法の力を用いなければならないはずだ。そのためには,法を運用する法律家だけではなく主権者である市民が,ジェンダー視点を備えていくことが必要不可欠である。本章をきっかけに,ジェンダー視点から法を厳しく吟味していってほしい。

　最後に,第1節で性同一性障害特例法が迅速に成立した最後の理由を残していたのでここで答えたい。性同一性障害の当事者たちは各自の心の性別にそって,「本当は女（男）なのに…」という気持ちを抱きながら,身体の性を一致させたいと望んでいる。ここまで読み進めてきた読者には想像に難くないだろうが,この望みは相当程度,ある性でありたいと願うという意味で,「男（女）らしく」という性別役割を積極的に受け容れているようにみえる（もちろん例外はある）。そこに性同一性障害の当事者と保守政治家の奇妙だけれども幸福な一致があったのではないか。与党を形成する保守政治家にとって,既存のジ

ェンダー秩序を破壊する危険性は，夫婦別姓，同性婚，婚姻制度廃止などを主張するフェミニストやジェンダー・フリー論者よりも低く感じられたに違いない。これが最後の理由ではなかろうか。もちろん既存のジェンダー・バイアスの強化につながった側面がないとはいえないが，たとえそうであったとしても，この立法によって漸進的に当事者の苦悩が緩和されたことを私たちは決して軽く見積もってはならない。

注
1）　ド・ロルムは「ローマ法学者は娘を息子とすることができた」という点で「イギリス議会よりも広汎な権力を有していた」とも述べていることは余談であるが，イギリス議会であろうとローマ法学者であろうと身体的性別を変更するには現代医学を待たねばならなかった。
2）　この法律制定運動に関わった法哲学者・谷口功一は，「異例なまでの速さで成立したことがよく見て取られる」（谷口 2004：214）と述べている。
3）　オランプ・ド・グージュの生涯については（ブラン 1995）がとても参考になる。
4）　強姦が懲役3年以上なのに対し強盗が懲役5年以上であるのは不当だとして，法務大臣が2014年に「性犯罪の罰則に関する検討会」を設置し，改正に向けた動きが進んでいる。参照，朝日新聞（東京版・朝刊），2014年11月1日，35頁。
5）　2004（平成16）年11月16日衆議院法務委員会，法務省刑事局長答弁。
6）　最高裁判所・1953（昭和28）年6月24日判決。
7）　広島高等裁判所松江支部・1987（昭和62）年6月18日判決。
8）　最高裁判所大法廷・1949（昭和24）年5月10日判決。
9）　たとえばこれを明示的に述べているものとして広島高等裁判所・1978（昭和53）年11月20日判決がある。
10）　東京地方裁判所・1994（平成6）年12月16日判決は，被害者が「イベントコンパニオン，芸能プロダクションのエキストラやスタッフ等の仕事をし…パーティーコンパニオンをしていることが認められる。このようにA子は，一般人から見ればかなり派手な経歴の持ち主であるといわなければならない」とし，「慎重で貞操観念があるという人物像は似つかわしくない」と結論づけている。また東京地方裁判所・2002（平成14）年3月27日判決も，被害者が「長く水商売と呼ばれる仕事を続け，本件当時はキャバクラのホステスをしていた22歳の女性であり，経験した仕事の中にはアダルトビデオの出演なども含まれていたこと，同女は，少女時代から本件発生までの間に相当多数の男性と性関係を持ったこと」を指摘し，「一般人か

ら見ればかなり自由な性意識を持った女性であるといわなければならない」と評している。両事件はこのような経歴を持つ被害者の供述が信用できないとして無罪となった。

11) 虐待された女性がその環境からの離脱すら考えられなくなってしまうバタード・ウーマン・シンドローム（battered woman syndrome）にも触れつつ，強姦罪を「性的自由に対する罪」でもなく「性的暴行罪」として理解すべきという見解も提唱されている（木村 2003）。

12) サンデルは，線路上の5人と待避線上の1人を対比させることで命の数の価値について道徳的ジレンマを生み出しているが，ここでは男女の差に変更し，さらに法的責任の問題とするために運転士の過失（ボンヤリしていた）があるという設定にした（サンデル 2011：41）。

13) 東京控訴院・1936（昭和11）年4月22日判決。このほか大阪地方裁判所判決・1967（昭和42）年4月。

14) 最高裁判所・1974年（昭和49）年7月19日判決。

15) 朝日新聞（東京版・夕刊），1974年7月19日，10頁。

16) 現在は，厚生労働省が毎年集計・発表する「賃金センサス（賃金構造基本統計調査）」を用いているが，過去には経済企画庁『国民生活白書』が使われたこともあった。

17) 最高裁判所・1962（昭和37）年5月4日判決。

18) 最高裁判所・1964（昭和39）年6月4日判決。

19) 最高裁判所・1986（昭和61）年11月4日判決。このほかにも女子労働者の平均賃金を基礎にした算定について特に問題にしなかった例がある（最高裁判所・1987（昭和62）年1月19日判決）。

20) 東京高等裁判所・2001（平成13）年8月20日判決。

21) これまでにもこの難問に対する解決策がいくつか提示されてきたので簡単に紹介しよう。①女児については家事労働分を加算して平等を図る（ただし最高裁が否定），②女児については生きていれば掛かっていたであろう生活費を低く見積もって平等を図る（ただし女性の生活費が低額である根拠が不明），③逸失利益を労働能力で測るのをやめ生命身体損害として定額化する，④子どもについては両親の悲しみの慰謝料としてだけ評価する，などがある。

22) 京都地方裁判所・2010（平成22）年5月27日判決。

参考文献

石田仁（編）（2008）『性同一性障害――ジェンダー・医療・特例法』御茶の水書房.
犬伏由子ほか（2012）『レクチャー ジェンダー法』法律文化社.

木村光江（2003）「強姦罪の理解の変化――性的自由に対する罪とすることの問題性」『法曹時報』59(9)：1-18.

マイケル・サンデル，鬼澤忍訳（2011）『これからの「正義」の話をしよう』早川書房.

島岡まな（2012）「強制わいせつ（176条）」「強姦（177条）」，浅田和茂・井田良編『新基本法コンメンタール刑法』日本評論社，384-389.

谷口功一（2004）「「性同一性障害者の性別の取扱いの特例に関する法律」の立法過程に関する一考察」『法哲学年報2003』有斐閣，212-220.

角田由紀子（2013）『性と法律』岩波書店.

西原道雄（1965）「生命侵害・傷害における損害賠償額」『私法』27：107-115.

糠塚康江（2011）「判批」『ジュリスト臨時増刊・平成22年度重要判例解説』1420：11-12.

オリヴィエ・ブラン，辻村みよ子訳（1995）『女の人権宣言――フランス革命とオランプ・ドゥ・グージュの生涯』岩波書店.

町野朔（1996）『犯罪各論の現在』有斐閣.

吉岡睦子・林陽子（2007）『実務ジェンダー法講義』民事法研究会.

吉田克己（2013）「利益衡量論――家事労働能力喪失を中心として」『講座ジェンダーと法 第4巻 ジェンダー法学が切り拓く展望』日本加除出版，135-148.

De Lolme, Jean Louis（2007）*The Constitution of England : or, An Account of the English Government,* Liberty Fund（originally published in 1784）.

（小林史明）

コラム3
夫婦別氏の法改正について

　第二次世界大戦の終了後70年，私たちは，「男女平等」という標語のもとに育てられてきました。この価値観は言葉の上では，揺るぎない価値として定着しています。でも本当に男女平等でしょうか。70年間に，少しずつ，いろいろ改善されてきました。しかし，少しも改善されて来なかったものがあります。

　それは，婚姻にかかわる法律です。民法750条は，一人の男性と一人の女性が婚姻するときは，一人が今まで用いてきた氏を保ち，他の一人は今まで用いてきた氏を失わなければならないと定めています。これで，結婚する二人に平等だと言えるでしょうか。

　夫も妻も氏を変えなくても公式に結婚できるようにしたいという声は，何十年となく叫ばれてきました。しかし，変わりません。それは，法律になって，固定されてしまっているからです。慣習は，人びとの意識が変わるにしたがって随時変わって来るのに対して，法律になってしまうと，個人の意識では変えられず，いつまでも人びとの行動を支配し続けます。

　この問題と密接にかかわってくるもう一つの法律は，戸籍法です。戸籍には，成員に関する情報のほかに，本籍と戸籍筆頭者が記載されています。戸籍筆頭者と本籍はインデックスだと説明されています。本人が死んでも，成員がいる限り，戸籍筆頭者はそのまま君臨しているからです。戸籍筆頭者欄には，現行法では，婚姻する二人のうちの一人の「氏」と「名」が記されます。そして，その戸籍成員の欄には，「名」しか記されません。「家制度」はとうに廃止されたはずなのですが，戸籍筆頭者を残存させることによって，いまだに「家制度」を存続させているのです。

　すべて国民は，個人として尊重される【日本国憲法第13条】にもかかわらず，国民を把握する戸籍法においては，「個人」ではなく，なくなったはずの「家」が厳然として存在しているのです。

　私たちは，インデックスとしての現在の戸籍筆頭者欄は，一人の人の「氏」と「名」ではなくして，婚姻する二人の「氏」と「氏」も可能にすることを提案しています。そして，成員の記載には，「名」だけでなく，それぞれの成員について，二つの要素「氏」と「名」を記すことを提案しています。せっかく定着している「男女平等」を実質的にしたいものです。

参考

日本国憲法

第13条　すべて国民は，個人として尊重される。（略）

第24条 2　配偶者の選択，財産権，相続，住居の選定，離婚並びに婚姻及び家族に関するその他の事項に関しては，法律は，個人の尊厳と両性の本質的平等に立脚して，制定されなければならない。

（関口礼子）

第4章

ジェンダーと家族

　「結婚をする・しない」という選択は，人びとのライフコースにおいて依然として大きな重みをもっている。と同時に，これらの選択は，個人のライフコースだけでなく，地域や社会のあり方にも大きな影響を及ぼす。たとえば，生涯をシングルで過ごす男女の増加は，地域の過疎化，労働力人口の減少や少子高齢化を加速化させる。そのため，「婚活」（結婚活動）と称して，男女が出会う機会をつくるべく，民間や行政によってさまざまな活動が展開されている。本来，個人の選択に委ねられるべき結婚に，第三者が介入することに対して，好ましくないと感じている人も少なくないであろう。しかし，そもそも恋愛や結婚は，個人の自由な意思だけで決定されているのだろうか。実はそこにはさまざまな社会的影響力や圧力が関与していることが少なくない。なかでもジェンダーは，結婚や家族のあり方に大きな影響を及ぼす重要な要因である。

　本章では，現代の家族のあり方に焦点を当てながら，ジェンダーが及ぼす影響力について考えていく。ここでは，おもに結婚，離婚，介護といった家族的現象をとりあげ，今日の実情を踏まえながら，そこにジェンダーがどのように関わっているのかを検討し，考察を深めていくことにする。

1　恋愛結婚とジェンダー

1.1　恋愛結婚の歴史

　相手のことが好きだから結婚する，これは一見当たり前のことのように思える。だが，歴史をさかのぼってみると，昔からそうだったわけではなく，「恋

愛結婚」は，近代以降に誕生した，結婚の一つのかたちに過ぎない。恋愛と結婚を結びつける考え方は，「ロマンティックラブ・イデオロギー」と呼ばれ，18世紀から19世紀にかけて西欧で誕生したものである。日本では大正期に生まれ，高度経済成長期以降に普及した（山田 1994）。

　近代以前の社会においては，恋愛感情はむしろ結婚には不必要なものと考えられていた（大越 2001）。たとえば，ヨーロッパの中世キリスト教社会では，恋愛は結婚の外で楽しむものとされ，恋愛と結婚は切り離されて捉えられるのが一般的であった。日本においても，江戸時代の武士層では，結婚は，○○家と○○家の結びつきを強化するための戦略的性格が強かった。そこでは，結婚相手を好きかどうかは考慮されず，とりわけ女性は，イエの勢力維持や拡大のための道具として利用されることが少なくなかった。また，未婚男女の性関係が比較的自由であったとされる村落社会においても，村の娘たちは同じ村の青年たちが所有するものという感覚が強く，万一，村の娘が他の村の男性と付き合っていることが発覚すると，村の若者たちはその男性を待ち伏せして厳しい暴力的な制裁を加えたという（瀬川 1972）。

　では，日本ではいつ頃，恋愛結婚が当たり前になったのだろうか。高度経済成長（1950年代中頃から1970年代初頭）の安定期にあたる1960年代半ばに，恋愛結婚が見合い結婚を上回るようになり，社会全般に普及していった。多くの未婚男女が，好きな相手との一定の交際期間を経て，婚約，結婚式・婚姻届，同居という流れに沿って，結婚生活をはじめていった。恋愛の最終目的は結婚であり，恋愛する相手も，結婚にふさわしい相手かどうかを基準に選ばれた。高度経済成長期は，結婚することが「当たり前」の時代であり，現実にもほとんどの男女が結婚した，いわゆる「皆婚社会」であった。結婚後は，女性は仕事をやめて専業主婦となり夫と子どもの世話に専念する一方，男性は妻と子どもを養うためにほとんどの時間とエネルギーを仕事に費やすという性別役割分業家族が大衆化していったのである。

1.2　現代の恋愛の特徴

　現代の恋愛は，高度経済成長期に広まりをみせた「恋愛結婚」の延長上にあ

る。しかし，そこには，高度経済成長期とは異なる変化がみられる。その一つが，恋愛の個人化である。すなわち，恋愛は，個人の自由な選択に全面的に委ねられるようになり，周りからの干渉は敬遠されるようになった。他者からの介入がなくなった半面，恋愛相手を自分で見つけなければならなくなった。恋愛の個人化が進むほど，必然的に「もてる層」と「もてない層」の恋愛格差が生みだされていく。たとえば，図 4 - 1 が示すように，交際相手をもたない未婚者の割合の推移をみてみると，1987年（第 9 回調査）以降，交際相手のいない未婚者の比率が増加し続けている。特にその傾向は男性において顕著であり，2010年（第14回調査）では，交際相手のいない比率は25～29歳では55.9％，30～34歳では63.4％までに上昇している。恋愛は自分の気持ちを相手に開示する行為であるが，当然「自分の恋愛感情を受け入れてもらえない」というリスクが伴う。そうした告白に伴うリスクを恐れて，相手から誘われるのを待つ「草食系」男子やそもそも恋愛することをあきらめている「絶食系」男子（山田・開内 2012），テレビのアイドル，ゲーム，アニメ等に登場するキャラクターに親密な感情を抱く「バーチャル恋愛」にはまる男子がでてくることは想像に難くない。

　もう一つは，「恋愛のゴールは結婚」という考え方に対する変化である。先述のとおり，高度経済成長期には恋愛と結婚が強く結びついていた。一定の交際期間が経つと，当事者である恋人同士だけでなく，周りの家族や同僚・友人からも「そろそろ結婚したらどうか」というプレッシャーが少なくなく，これが男女を結婚へと押し出す力として作用していた。しかし，現在では「恋愛のゴールは結婚」という規範意識は弱まり，恋人として付き合ったからといって，その相手と必ずしも結婚する必要はないと意識されるようになってきている。高度経済成長期と比較すると，恋愛と結婚の関係は曖昧で不確実な要素が強くなり，恋愛から結婚への移行には，特別な理由（たとえば「できちゃった婚」）が必要となった。『恋愛の社会学』を著した谷本奈穂は，現代の恋愛の特徴は，結婚を意識して恋愛するというよりも恋愛そのもののプロセスをできるだけ長く楽しむという意識が強まってきていることを指摘している（谷本 2008：51）。その理由の一つに，日本では「同棲」や「事実婚」に対する認知度や許容度が

第4章　ジェンダーと家族

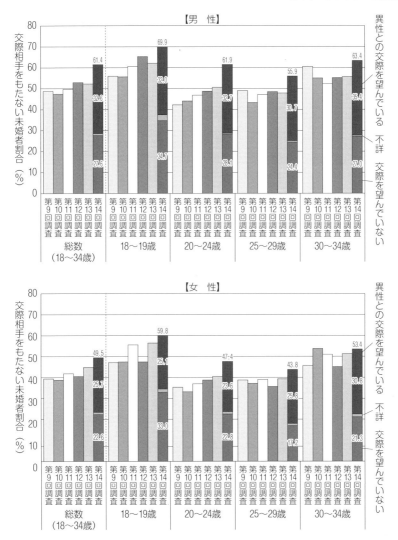

図4-1　年齢別にみた交際相手をもたない未婚者の割合の推移
（注）　異性の交際相手（婚約者，異性の恋人，異性の友人）をもたない未婚者の割合。交際の希望は第14回調査のみ。
　　　設問「あなたには現在，交際している異性がいますか」において交際している異性がいない場合，「異性との交際の希望」（1．交際を望んでいる，2．とくに異性との交際を希望していない）。
（出所）　国立社会保障・人口問題研究所 2010年「第14回出生動向基本調査（独身者調査）」

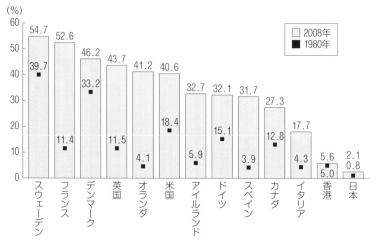

図4-2　諸外国における婚外子の比率

(注)　未婚の母など結婚していない母親からの出生数が全出生数に占める割合である。
　　　ドイツ，香港の1980年はそれぞれ1991年，1990年のデータである。2008年について英国，アイルランドは2006年，カナダ，イタリアは2007年，香港は1997年のデータである。
(資料)　米国商務省，Statistical Abstract of the United States 2011（日本：厚生労働省「事項動態統計」，香港：Demographic Yearbook Special Issues 1999 Natality Statistics）
(出所)　社会実情データ図録（http://www2.ttcn.ne.jp/honkawa/1520.html）。

低く，「結婚とは法律婚をすること（「婚姻届けを出すこと」)」という意識が強いことが挙げられよう。法律レベルでも，子どもが婚内子か婚外子かによって戸籍の記載方法が異なる等，婚外子に対する差別はいまだ解消されていない。

　一方，欧米諸国の多くでは，同棲や事実婚はライフスタイルの一つとして定着しており，法律婚をしなくても共同生活をし，子どもを産み育てられるような制度が整えられてきている。図4-2に示すように，スウェーデン，フランスでは子どもの半数以上が婚外子であり，法律婚ではないカップル関係から生まれている。日本の婚外子の割合は2.2％（2012年）に過ぎず，同棲をし，その延長上で子どもを産み，育てるというライフスタイルはきわめて例外的なものであるといえる。

　したがって，現代日本における恋愛の結末は「別れる」か「法律婚（婚姻届

けの提出)」のどちらかということになる。そのため，恋愛の結末をできるだけ先送りにして，恋愛期間を楽しむという傾向が強まっているのである。

では，どのような相手が恋愛対象として魅力的であると意識されるのだろうか。谷本奈穂は，先述の著書の中で，発行部数の多い女性誌と男性誌（読者層は15歳から25歳）を対象に内容分析を行い，1970年代と現在における異性の魅力の類似点と相違点について検討を行っている（谷本 2008：139）。その中でまず目をひくのが，現在の女性誌，男性誌では，「感覚が類似していて気があう」や「感覚の類似」が異性の魅力として上位に挙がっている点である。これは，1970年代にはみられなかった特徴である。現代の恋愛では，互いに楽しみ，喜び，悩みを分かち合うといったコミュニケーション行動が重視されるようになっている。

その一方で，1970年代から現在にかけて，根強く支持されているものも存在する。たとえば，女性からみた男性の魅力として，「女性をリードする」「スポーツマン」「能力が高い」といった，能動的で活動的な側面が上位に挙がっている。また，男性からみた女性の魅力の上位は，「外見がいい」「女性的美点（女らしい，かいがいしい，等）」といった女性らしい外見や受身的態度である。これらに共通した特徴は「女／男はこうあるべき」というステレオタイプ的な女性像，男性像が反映されている点である。現代の若い男女も，知らず知らずの内に固定的なジェンダー規範を内面化して疑わずに従ってしまい，「女らしい」女性さや「男らしい」男性を，魅力的な異性として認識するようになっているのである。

1.3　結婚をめぐる理想と現実のギャップ

恋愛相手と必ずしも結婚する必要はないと意識が広まりつつあるとはいえ，現代の若い世代が結婚に対して決して否定的になっているわけではない。国立社会保障・人口問題研究所が実施した第14回「出生動向基本調査（独身者調査）」（2010年）によると，「いずれは結婚するつもり」と回答した未婚者の割合は，男性86.3％，女性89.4％と9割弱を占めている。この数値は，1987年の調査以降，若干の変動はあるものの，依然として高い割合を示しており，結婚に

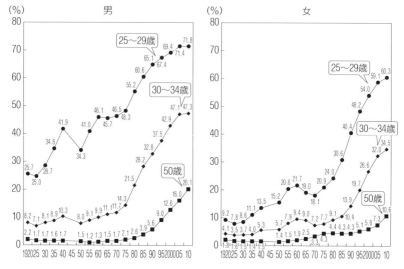

図 4-3 年齢別未婚率の推移

(注) 配偶者関係未詳を除く人口に占める構成比。50歳時の未婚率は「生涯未婚率」と呼ばれる（45～49歳と50～54歳未婚率の平均値）。
(資料) 国勢調査（2005年以前「日本の長期統計系列」掲載）
(出所) 社会実情データ図録（http://www2.ttcn.ne.jp/honkawa/1540.html）。

対する意思は依然として高いことを確認することができる。内閣府の「平成25年度家族と地域における子育てに関する意識調査」をみても，30代の若者層が最も大切な人間関係やつながりとして「家族」を挙げる比率は際立って高く，「学校・出身校の友人」や「仕事の仲間・上司・部下」を大きく引き離している。また，家族の大切な役割として「子どもを生み，育てる」という回答が最も多くなっている。つまり，若い世代は，これまでと同様に，家族を大切に考え，結婚をして子どもを生み育てたいと考えているのである。

にもかかわらず，現実には，結婚を先送りにする「晩婚化」や生涯を独身で通す「生涯シングル」が急速に増えているのが実情である。図4-3が示すように，高度経済成長が終わり，経済の低成長期（1970年代初めから1980年末）に入った頃から，未婚率が急激に上昇している。これは平均初婚年齢の上昇とも合致しており，晩婚化が進行したことを表している。さらに，日本の経済が

ゼロ成長期に入った1990年代以降，結婚をしない生涯シングル層（統計では45〜49歳と50〜54歳の未婚率の平均値を生涯未婚率として示す）が急速に増加傾向を示すようになっている。2010年では，女性10.6％，男性20.1％であるが，今後この数値はさらに高くなっていくことが予想される。

1.4　結婚難とその背景

　なぜ，晩婚化，生涯シングル化は進むだろうか。その大きな要因は，若者の結婚に対する意欲の低下というよりは，結婚をめぐる理想と現実のギャップにあると考えられる。

　若い世代が結婚相手に対して求める条件をみてみると，図4-4が示すように，結婚は恋愛感情を前提とすることを反映して，男女ともに（相手の）「人柄」を重視する割合が最も高くなっている。次いで「家事の能力」「（自分の）仕事への理解」が挙がっており，さらに4位以下をみると，女性では「経済力」「職業」，男性では「容姿」「共通の趣味」の順になっている。これらの結果から読み取れることは，結婚相手に求める条件に男女間でミスマッチが生じているということである。すなわち，女性は家事に協力的で，女性が働くことに理解があり，経済力のある男性を求めているのに対して，男性は外で働くための家庭的な環境を整えてくれる女性，家事能力に優れた女性，そして見た目も良い女性を求めている。過去の調和結果と比べてみると，男性は依然として「男性は仕事，女性は家庭」という性別役割分業にもとづき，家庭役割をしっかりと遂行できる女性を求めているのに対して，女性は，結婚・出産を通じて働き続けることを前提に，家事・育児に協力的な男性を求めている。特に男性の「家事能力」を重視する女性の比率は，過去の調査結果と比べると20ポイント以上増えており，顕著な変化である。家事・育児をもっぱら妻任せにする男性は，女性にとってはもはや魅力的な結婚相手とは認識されなくなってきているといえよう。

　しかし，だからといって，現在の未婚女性が仕事と家事・育児を対等に分担するパートナー関係をもとめているかというと，そこには相反する意識が存在する（松田 2005）。確かに，未婚女性のライフコースにおける就労の位置づけ

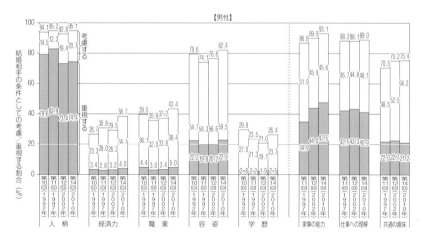

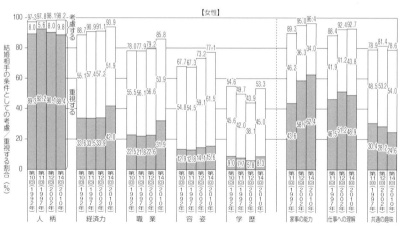

図4-4　結婚相手として重視・考慮する条件

(注)　対象は「いずれ結婚するつもり」と答えた18～34歳未婚者。

設問「あなたは結婚相手を決めるとき，次の①～⑧の項目について，どの程度重視しますか。それぞれにあてはまる番号に○をつけてください」（1．重視する，2．考慮する，3．あまり関係ない）。

(出所)　図4-1に同じ。

をみてみると,近年「就労継続型(子どもができても,ずっと仕事を続ける)」を支持する者の割合が大きく増加し,「中断-再就職型(子どもが大きくなったら再び仕事をする)」を支持する割合と拮抗する状況にある(国立社会保障・人口問題研究所 2010a)。つまり,女性のライフコースにおいて,就労は当たり前のこととして捉えられるようになっている。しかしその一方で,結婚相手の条件として男性の経済力や職業が上位に挙がっているように,男性の稼得能力にこだわる女性の比率はさらに高まっている。長引く不況の中で,若者をめぐる雇用環境はますます厳しさを増している。総務省「平成26年労働力調査」によると,男性雇用者に占める非正規雇用者率は15~34歳で32.8%である。また,週労働時間60時間以上の男性就業者の比率は,20歳代で12.6%,30歳代で18.2%となっており,若年男性の間に経済的格差が広がっている。その結果,結婚したくても,結婚相手として選ばれにくい男性層が増え,晩婚化,生涯シングルの増加に拍車をかけているのである。このことは,学歴が低く,また収入が低い男性ほど生涯未婚率が高くなるという調査結果からも裏付けられる(内閣府男女共同参局 2013)。山田昌弘らは,経済・社会状況が変化し,安定した収入を稼ぐ見込みのある若年男性が激減しているにもかかわらず,女性は,結婚を生活保障として捉え,よりよい生活を可能にする経済力のある男性を求める意識が依然として強固であることを指摘している(山田・開内 2012)。このような結婚に対する理想と現実のギャップが,現在の結婚難の大きな要因になっているといえよう。

2 離婚とジェンダー

2.1 揺らぐ夫婦関係

上野千鶴子の「ファミリー・アイデンティティ」(上野 1994)や山田昌弘の「主観的家族像」(山田 1994)の調査によると,「家族であるかどうか」を線引きする際に重要視されるのは,一緒に住んでいることや法律的関係の有無よりも,愛情を感じるかどうかであることが明らかになっている。愛情をまったく感じられなくなった夫婦を「家族」とは呼ばないという感覚は,多くの人びと

が共有するものであろう。

しかし,夫婦の愛情や情緒的絆が重視されすぎると,夫婦関係はまた揺らぎやすい不安定性を抱えることになる。このことは,日本よりもパートナー間の情緒的絆や性愛を重視する欧米諸国における離婚率や再婚率の相対的高さからも十分推察できる。

日本では,恋愛結婚が広がりを見せ始めた高度経済成長期の初期には,夫は仕事役割,妻は家事・育児役割を果たすことによって,家族の生活水準も右肩あがりに向上し,大多数の夫婦は情緒的満足を得ていたと考えられる。しかし,時代の経過とともに,性別役割分業にもとづいた役割を遂行するだけでは愛情を実感しにくくなり,むしろ夫婦の心のすれ違いを増幅するものとなっている。たとえば,1980年代に刊行され,社会的反響を呼んだルポルタージュ『妻たちの思秋期』(斎藤 1982) は,「会社人間」と化した夫とのコミュニケーション不全に悩み,妻は寂しさや孤独感からアルコール依存症やうつ病に陥り,ついには離婚に追い込まれてしまう夫婦の実像にリアルに迫っている。

今日の夫婦関係の安定性を確保するためには,以前にも増して,互いへの思いやりや愛情を確認するためのコミュニケーション行動が不可欠となっている。山口一男 (2006) は,妻の結婚満足度を規定する要因を実証的に検証しているが,それによると,「共有生活活動数 (夫婦で一緒に行動する頻度)」「夫婦の平日の会話時間」「夫婦の休日共有時間」「夫の家事・育児参加」が多いほど,妻の結婚満足度が高くなることを明らかにしている。このことは,夫は家族のために,一生懸命仕事をしているつもりであっても,妻からは「家族とコミュニケーションをとらない夫」として否定的な解釈が与えられ,夫婦関係が危機的状況に陥る可能性があることを示唆している。今日の夫婦における情緒的不満や夫婦関係の解消の背景には,こうした妻と夫の愛情をめぐる意味解釈にズレが生じていることが考えられる。

2.2 離婚の増加

図4-5は,日本における離婚率の長期的な推移をみたものである。明治期の離婚率はかなり高く,その後大正,昭和初期,高度経済成長期にかけて離婚

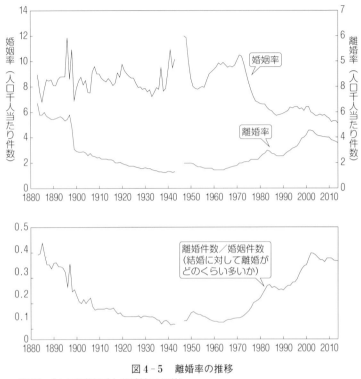

図 4-5 離婚率の推移
（資料）「人口動態統計」（最新年は概数）
（出所）社会実情データ図録（http://www2.ttcn.ne.jp/honkawa/2777.html）。

率が劇的に減少し，離婚の少ない社会に移行していったことがわかる。実際，1960年の離婚件数は 6 万9,410件数と最も少なくなっている。しかしながら，1960年代半ば以降，離婚率は再び上昇に転じ，その後も増加傾向が続き，2014年の離婚推定件数は22万2,000件，離婚率は1.77にのぼっている。1960年の数値と比較すると，離婚件数では約 3 倍，離婚率では約2.4倍に増加しており（厚生労働省 2014），結婚したカップルの 3 組に 1 組が離婚するという水準になっている。

先述のように，1960年代半ばというのは，恋愛結婚の比率が見合い結婚の比率を上回った時期であり，その後の恋愛結婚の広がりと離婚の増加は互いに呼

応した動きを見せている（野沢 2005）。もちろん，恋愛結婚の広がりだけが近年の離婚の増加傾向を生じさせているわけではない。離婚に対する意識の変化も影響を及ぼしている。社会保障人口問題研究所の「出生動向基本調査（夫婦調査）」(2010) によると，近年，揺り戻し傾向がみられるものの，「いったん結婚したら，性格の不一致ぐらいで分かれるべきではない」という質問に対して，「賛成」「どちらかといえば賛成」の割合は1990年代前半を比べると10ポイント以上減少しており，離婚を否定的に捉える意識は確実に弱まってきている。今日の離婚の増加は，晩婚化や生涯シングルの増加とあわせて，結婚という制度が不安定化しつつあることを物語っている。

2.3 ひとり親の生活困難と性別役割分業のしわ寄せ

　離婚の増加に伴い，ひとり親世帯も年々増えている。「平成23年度全国母子世帯等調査」(厚生労働省 2012a) によると，20歳未満の未婚の子どものいる母子世帯数は123.8万世帯，父子世帯数は22.3万世帯であり，ひとり親になった理由の約8割（母子世帯80.8％，父子世帯74.3％）が離婚によるものである。また，児童（18歳未満の未婚の子ども）のいる世帯のうち，ひとり親家庭のなかで育つ子どもは7.6％（「母子のみ世帯」6.8％，「父子のみ世帯」は0.8％）を占めている。これは，子どもの13人に1人という割合であり，決して少数ではないことがわかる（厚生労働省 2012b）。

　ひとり親家族が抱える生活上の困難に着目してみると，子どもに関する悩みでは，母子世帯，父子世帯ともに共通して「教育・進学」が最も多くなっており，次いで「しつけ」が挙がっている。また，ひとり親本人が困っていることとして，母子世帯では第1位が「家計」，続いて「仕事」「住居」の回答が多くなっているが，父子世帯では「家計」「仕事」に次いで，第3位に「家事」が挙がっている（「平成23年度全国母子世帯等調査」）。母子世帯，父子世帯ともに経済上，就労上の困難を経験している点では共通しており，仕事と子育ての両方をひとり親が全面的に担わなければならない厳しい現実を示している。一方，母子世帯と父子世帯が直面する困難には相違点もみられる。経済や就労は母子世帯により深刻な問題としてのしかかる一方，家事は父子世帯が対処しなけれ

第4章　ジェンダーと家族

表4-1　ひとり親家庭の就業状況

		母子世帯	父子世帯	一般世帯
就業率		80.6%	91.30%	女性64.4% 男性81.6%
	雇用者のうち正規	43.0%	87.1%	女性45.6% 男性80.1%
	雇用者のうち非正規	57.0%	12.9%	女性54.4% 男性19.91%
年間平均収入		181万円 正規：270万円 非正規：125万円	360万円 正規：426万円 非正規：175万円	平均給与所得 女性269万円 男性507万円

（出典）　母子世帯・父子世帯は平成23年度全国母子世帯等調査，一般世帯は平成26年度労働力調査，平成22年度分民間給与実態統計調査
（出所）　厚生労働省（2015）「ひとり親家庭等の現状について」

ばならない困難の一つとなっている。つまり，家事・育児のほとんどを妻に任せ，家族の収入を全面的に夫に頼るという性別役割分業そのものが，ひとり親家庭となって生活を再設計していく上で大きな困難をもたらす要因になっているのである。

　とりわけ，ひとり親家庭の約85%を占める母子世帯が抱える「家計」の困難は深刻である。表4-1が示すように，母子世帯の母親の就労率は約8割と，父子世帯と同様に高い比率になっているが，その平均年間就労収入は181万円に過ぎず，経済的に苦しい世帯が多くなっている。その直接的理由は，母親の就労形態がパートなどの非正規雇用が多いことによるが，その背景には，日本における男女間の賃金格差や正規・非正規間の賃金格差の大きさがある。日本の家族政策は，高度経済成長期以降，雇用システムや社会保障制度と一体となって，性別役割分業に支えられた「男性稼ぎ主」モデルを前提に策定されてきた（大沢 2002）。男性正社員の長期雇用，年金の第三号被保険者，税制の配偶者控除，賃金の配偶者手当などは，この政策を支える象徴的なものであろう。

　このような「男性稼ぎ主」モデルの大きなしわ寄せを受けているのが，母子家庭である。国税庁の「平成25年度分民間給与実態統計調査」によると，雇用労働者の平均給与は414万円であるが，これを男女別にみると，男性511万円，

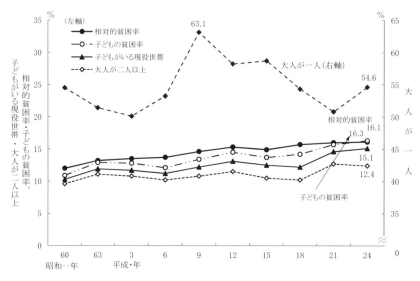

図4-6　ひとり親世帯の子どもの貧困率の推移

(注) 1) 平成6年の数値は，兵庫県を除いたものである。
   2) 貧困率は，OECDの作成基準に基づいて算出している。
   3) 大人とは18歳以上の者，子どもとは17歳以下の者をいい，現役世帯とは世帯主が18歳以上65歳未満の世帯をいう。
   4) 等価可処分所得金額不詳の世帯員は除く。
(出所)　厚生労働省「国民生活基礎調査」(2013年)

女性272万円であり，女性の平均給与は男性の約2分の1にすぎない。また，正規・非正規別にみると，正規473万円，非正規168万円であり，非正規労働者の賃金は，正規労働者の約35％と大きな格差がある。母子世帯の就労所得の低さは，「男性稼ぎ主」モデルを背景に，男女間の賃金格差と正規・非正規雇用者の賃金格差という二重の格差によってもたらされている。母子家庭の母親は，このような労働市場の真っただ中で，子どもを育てるための賃金を得ていかねばならず，母親自身にかかる負担の大きさに加えて，親子で過ごすゆとりの時間をも奪われているのである。

2.4　ひとり親家庭と子どもの貧困

ひとり親家庭に育つ子どもの相対的貧困も際立っている。相対的貧困とは，

人が所属している社会で標準となっている生活様式（たとえば，食事の内容，衣類，耐久消費財の所有，友人とのつきあいや社会活動への参加など）からの脱落を示す概念であり，具体的には，手取りの世帯所得を世帯人数で調整し，中央値の50％以下を貧困ラインとするのが一般的である（岩田 2007）。

厚生労働省「国民生活基礎調査」（2013年）によると，ひとり親家庭の貧困率は54.6％であり（図4-6），これはひとり親家庭の子どもの2人に1人が貧困状態にあることを意味している。しかも，この数値は，OECD諸国の中では最も高く，ワーストである。貧困とはお金がないことだけにとどまらない。特に子どもの貧困は，学力の低下，学校生活の中での疎外感，健康状態の悪化，親からのネグレクト，社会的孤立などを経験する比率が高まり，負の連鎖を招くことが明らかにされている（阿部 2008）。子どもの貧困は，現在の生活の安寧だけでなく，将来の可能性をも奪ってしまうものであり，決して放置できない問題である。

3 介護とジェンダー

3.1 世帯構成の変容

今日の世帯構成をみてみると，図4-7が示すように，標準世帯とされてきた「夫婦と子供からなる世帯」が減少する一方で，単独世帯が急激な伸びを示している。具体的な数値をみると，2010年では「夫婦と子供からなる世帯」は3割を下回っているのに対して，「単独世帯」は32.4％を占め，最も多い世帯類型となっている。

世帯構成の変化は質的な側面にもあらわれている。総務省「国勢調査人口等基本集計結果」（2010年度版）によると，「夫婦と未婚の子供からなる世帯」のうち，未婚の子どもが20歳未満である比率は約62％に過ぎず，残りの4割弱は「夫婦と成人した子供からなる世帯」である。ちなみに，50〜59歳の未婚人口のうち，親と同居している割合は約4割を占め，老親と未婚の成人子との同居が増加していることがわかる。また，「単独世帯」は，従来，未婚の若者層と死別の高齢者層に多くみられたが，近年では40歳代，50歳代，60歳代前半の中

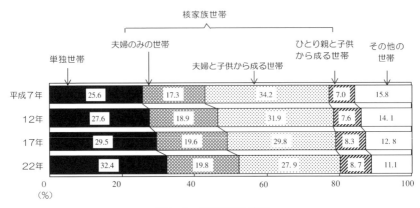

図4-7　世帯構成の推移

（注）　平成7年から17年までの数値は，新分類区分による遡及集計結果による。
（出所）　総務省「平成22年国勢調査人口等基本集計結果」

年層においても1～2割程度存在しており（総務省 2011），すべての年齢層において，単独世帯が増加傾向にある。

3.2　家族介護の限界

　日本の家族政策が，高度経済成長期以降，その形を少しずつ変えながらも，性別役割分業に支えられた「男性稼ぎ主」モデルを前提に策定されてきたことはすでに述べたとおりである。高齢者介護についても，介護の社会化を進めるべく，2000年に「公的介護保険制度」が導入されたものの，現実には家族による介護が主であり，家族介護の補完的役割を介護保険サービスが果たしているのが実情である。内閣府の「平成27年度版高齢者白書」によると，要介護者の主な介護者は同居家族が約6割を占めている。その続柄をみると，要介護者の配偶者（26.2％），子ども（21.8％）と続き，第3位に子どもの配偶者（11.2％）が挙がっている。同居家族以外の主な介護者として多いのは，別居家族9.6％，訪問介護などの事業所14.8％である。要介護度が上がるほど，介護時間は増加するが，家族の介護や看護を理由に離職や転職をした人は約10万人にのぼり（2011年10月から2012年9月までの統計），その内訳をみると，年齢別では50歳代・60歳代が約7割，性別では女性が8割を占めている。中高年層の女性

第 4 章　ジェンダーと家族

が離職や転職によって，介護の多くを引き受けている状況が改めて浮き彫りとなっている。

　高齢者自身も，介護を受けたい場所として「自宅」を希望する比率は，「介護老人福祉施設」や「病院などの医療機関」よりも相対的に高くなっている（女性30.2％，男性42.2％,）。こうした状況は，高齢者自身の意識のなかに，「介護は家族が担うべきもの」という規範意識が依然として根強いことを意味している。しかしながら，高齢化が急速に進行する現代社会において，家族構成は劇的に変化し，家族規模も縮小し，構造的にみても家族の介護機能が低下していることは明白である。加えて，介護は要介護者との直接的な関わりを長期的，持続的に要求するものであり，介護を担う家族が危機的状況に陥る可能性はかつてないほど大きくなっている。その結果，世話や介護をしてくれるはずの家族から，高齢者が虐待を受けるという深刻な問題もしばしば起きている。

　高齢者虐待に関する具体的な数値をみてみると，2011年度に全国の市町村で受け付けた養介護者による虐待の相談・通報件数は2万5,636件であり，年々増加傾向にある。虐待を受けている高齢者の特徴として，高齢女性で認知症である者が全体の約7割を占めており，介護者に日常生活のほとんどを依存せざるを得ない状況にある人たちである。虐待の内容は，身体虐待が最も多く，次いで心理的虐待，経済的虐待，介護等放棄となっている。虐待の加害者の属性をみると，「息子」が4割と最も多く，次いで「夫」が2割弱と続き，第3位に「娘」が挙がっており，加害者に男性が多いことがわかる（内閣府「平成25年度高齢社会白書」）。高齢者虐待にジェンダーが関わっている要因として，男性介護者の多くは，料理，洗濯，掃除といった家事能力に欠け，介護に加えて日常的な家事でも負担が大きくなること，また他者に援助を求めることが苦手で，社会的に孤立しやすい点などが指摘できよう。

3.3　家族政策からおちこぼれる人びと

　これまで述べてきたように，標準世帯が減少する一方で，単身世帯や夫婦のみ世帯など，さまざまな世帯類型が広がっていくことは問題なのだろうか。結婚するか否か，ひとりで暮らすか否か，子ども夫婦と別居して夫婦だけで暮ら

すか等は，基本的には個人や家族の選択に委ねられるべきものであり，ライフスタイルの選択肢が広がったことはむしろ歓迎されるべきことであろう。社会全体が多様な価値観やライフスタイルを尊重し包摂していくことは，長期的には社会の活力を高めることにつながっていく。

しかし，変化する現状に反して，「夫婦と子どもから成る核家族」を標準家族に据え，「家族だのみ」の政策が維持されるかぎり，頼れる家族のいない人びと（たとえば，単身世帯やひとり親世帯）は，政策の網から落ちこぼれ，さまざまなリスクに晒される可能性が増大することは明白である。たとえば，単身者やひとり親の場合，失業や病気などによって働けなくなれば，他に家計を支える人がいないため，貧困のリスクがさらに高まる。また，本人の介護はもちろん，親の介護を担う場合，介護負担をひとりで背負う重荷に加えて，仕事と介護の両立の難しさに直面する。さらに，社会的孤立に陥るリスクも大きくなる。内閣府「平成21年度高齢者の地域におけるライフスタイルに関する調査」（60歳以上の高齢者を対象）によると，単身世帯の31.3％が「孤独死（誰にも看取られることなく，亡くなったあと発見される死）を身近な問題」と「非常に感じる」と回答しており，夫婦二人世帯の16.2％や三世代を含むその他世帯の13.5％に比べて高い比率になっている。

4　家族はどこに向かうのか

4.1　多様な共同生活のかたち

近年，「おひとりさま」をターゲットに，ひとり暮らしをより快適なものにする商品やサービスを提供するビジネスが活発化している。経済力があれば，そうしたサービスを利用することによって，頼れる家族がいなくても，快適な生活することは可能になりつつある。しかし，人はひとりでは生きづらい存在であり，他者との親密な関係性の中に，自分の存在価値や生きがいを見つけながら日常を生きているといえる。

ここまでみてきたように，現代の家族をめぐるさまざまなは問題は，性別役割分業が結婚や家族の基盤になっていることや，家族（＝女性）を福祉の主要

な担い手として位置づけてきた政策のあり方と深く関係している。

　今後，時代や社会の変化の中で，現実の結婚や家族のあり方はさらに変容していくだろう。すでに，親密な他者との多様な共同生活のあり方を選択する動きはいくつもでてきている。たとえば，事実婚や同性婚という共同生活はその一例である。事実婚とは，事実上夫婦と変りない生活を送っているが，婚姻届けを出さないでいる夫婦のことである。事実婚を選択する理由はさまざまであるが，カップルの関係は対等で私的なものであり，国家が関与するものではないという意識や，女性の社会進出が進むにつれて，姓を変えることに対する抵抗が背景にある（善積1997）。また，同性愛を多様な性愛のあり方の中の一つのライフスタイルとして捉える動きもでてきている。東京都渋谷区では「同性愛のカップルを結婚と同等の関係として認める」という条例が可決され，2015年4月から施行されている。さらに，近年，親・きょうだいなど血縁者や恋人ではない他者と2人以上で共同生活をする「シェアハウス」という実践も増えてきている。シェアハウスはあくまでも対等な生活者として自立した個人が，同じ屋根の下で，日々交流をしながら，共同生活をおくるという生活実践である（久保田 2009）。

　このような動きの広がりは，これまでの標準とされてきた結婚や家族のあり方が内包する問題性を改めてあぶり出すとともに，新たな共同生活の再編の契機となる可能性を有している。

4.2　個人を単位とした政策

　では，多様な共同生活のあり方を許容する政策とはどういうものだろうか。その方向性を考える上で，次のようなポイントが重要になると思われる。1つ目のポイントは，ジェンダーに関する改革である。これまでの政策は，女性に育児や介護の過重な負担がかかるとともに，女性自らが働いて経済的に自立することが抑制されてきた。男女がともに家庭，職場，地域領域に対等に関われるように，男女共同参画社会の実現に向けてさらなる変革が不可欠である。2つ目のポイントは，政策の基礎単位に関するものである。多様なライフスタイルを許容する社会においては，個人が他者とどのような関係を結んでいるかに

かかわりなく，個人の福祉ニーズが担保される必要がある。そのためには，男性稼ぎ主モデルを基本とした「家族単位」の社会保障政策を「個人単位」の政策に転換することが求められる。3つ目のポイントは，家族と公的福祉に関する量的配分に関するものである。たとえば，スウェーデンの場合，高齢者福祉政策の策定にあたっては，基本的に家族の介護力を想定せず，高齢者のニーズと高齢者の主体的な意思にもとづいて公的ケアが実践されている。日本でも，これまで家族が担ってきた保育と介護を公的福祉として大胆に再配分していくことが今後の重要な課題であるといえる。

　そのためには，私たちの意識変革も不可欠である。たとえば，性別役割分業を当然視しないこと，一人ひとりが仕事と家庭に責任をもつこと，法律婚と血縁関係にもとづく家族関係を唯一無二の理想像として捉えないこと，多様な生き方や幸福観を尊重することなどを，日常生活において実践していくことが重要になっていくであろう。

参考文献
阿部彩（2008）『子どもの貧困──日本の不公平を考える』岩波新書．
岩田正美（2007）『現代の貧困──ワーキングプア／ホームレス／生活保護』ちくま新書．
上野千鶴子（1994）『近代家族の成立と終焉』岩波書店．
大沢真理（2002）『男女共同参画社会をつくる』NHKBOOKS.
大越愛子（2001）「恋愛三位一体の幻想」大越愛子・堀田三保編『現代文化スタディーズ』晃洋書房，106-121頁．
久保田裕之（2009）『他人を暮らす若者たち』集英社新書．
厚生労働省（2012a）「平成23年度全国母子世帯等調査」
　　http://www.mhlw.go.jp/stf/houdou/2r9852000002j6es-tt/2r9852000002j6rz.pdf
厚生労働省（2012b）「平成24年国民生活基礎調査の概要」
　　http://www.mhlw.go.jp/toukei/saikin/hw/k-tyosa/k-tyosa12/
厚生労働省（2013）「国民生活基礎調査」
　　http://www.mhlw.go.jp/toukei/saikin/hw/k-tyosa/k-tyosa13
厚生労働省（2014）「平成26年人口動態統計の年間推計」
　　http://www.mhlw.go.jp/toukei/saikin/hw/jinkou/suikei14/dl/gaiyou.pdf
厚生労働省（2015）「ひとり親等の現状について」

http://www.mhlw.go.jp/file/06-Seisakujouhou-11900000-Koyoukintoujidoukateikyoku/0000083324.pdf
国立社会保障・人口問題研究所（2010a）「第14回出生動向基本調査（独身者調査）」
　　　http://www.ipss.go.jp/ps-doukou/j/doukou14_s/doukou14_s.asp
国立社会保障・人口問題研究所（2010b）「第14回出生動向基本調査（夫婦調査）」
　　　http://www.ipss.go.jp/ps-doukou/j/doukou14/doukou14.asp
国税庁（2013）「平成25年度分民間給与実態統計調査」
　　　http://www.nta.go.jp/kohyo/tokei/kokuzeicho/minkan2013/pdf/001.pdf
斎藤茂男（1982）『妻たちの思秋期―ルポルタージュ　日本の幸福』共同通信社.
瀬川清子（1972）『若者と娘をめぐる民俗』未来社.
総務省（2011）「平成22年国勢調査人口等基本集計結果（2010年度版）」
　　　http://www.stat.go.jp/data/kokusei/2010/final/pdf/01-13.pdf
総務省（2014）「平成26年労働力調査」
　　　http://www.stat.go.jp/data/roudou/sokuhou/nen/dt/pdf/index1.pdf
谷本奈穂（2008）『恋愛の社会学――「遊び」とロマンティック・ラブの変容』青弓社.
内閣府男女共同参画局（2013）「平成25年版男女共同参画白書」
　　　http://www.gender.go.jp/about_danjo/whitepaper/h25/zentai/
内閣府（2011）「平成21年度高齢者の地域におけるライフスタイルに関する調査（全体版）」　http://www8.cao.go.jp/kourei/ishiki/h21/kenkyu/zentai/
内閣府（2013）「平成25年度版高齢社会白書（全体版）」
　　　http://www8.cao.go.jp/kourei/whitepaper/w-2013/zenbun/s1_2_6_03.html
内閣府（2014a）「平成25年度家族と地域における子育てに関する意識調査」報告書
　　　http://www8.cao.go.jp/shoushi/shoushika/research/h25/ishiki/index_pdf.html
内閣府（2014b）「平成26年度高齢社会白書」
　　　http://www8.cao.go.jp/kourei/whitepaper/w-2014/zenbun/s1_2_3.html
内閣府（2015）「平成27年度版高齢者白書」
　　　http://www8.cao.go.jp/kourei/whitepaper/w-2015/gaiyou/pdf/1s2s_3.pdf
野沢慎司（2005）「離婚・再婚とステップファミリー」吉田あけみ・山根真理・杉井潤子編『ネットワークとしての家族』ミネルヴァ書房，139-157頁.
松田智子（2005）「結婚とパートナー関係」吉田あけみ・山根真理・杉井潤子編『ネットワークとしての家族』ミネルヴァ書房，99-116頁.
山口一男（2006）「夫婦関係満足度とワーク・ライフ・バランス――少子化対策の欠かせない視点」RIETI Discussion Paper Series

http://www.rieti.go.jp/jp/publications/dp/06j054.pdf
山田昌弘（1994）『近代家族のゆくえ――家族と愛情のパラドックス』新曜社.
山田昌弘・開内文乃（2012）『絶食系男子となでしこ姫――国際結婚の現在・過去・未来』東洋経済新報社.
善積京子（1997）『〈近代家族〉を超える』青木書店.

（松田智子）

第4章　ジェンダーと家族

コラム4　高齢者の介護からみる選択と自立

　忘れられない出会いがある。自身が訪問介護という職に従事する中で，長くネグレクトを受けていた方のサービスに入った。彼はただ，自分は必要のない人間だと訴え，死にたいと繰り返していた。ある日，夕飯に何が食べたいかたずねると，彼はわからないと答えた。メニューを二つ提示し，どちらが良いかを聞くと彼は長く考え込んだ後，一つを選んだ。徐々に選択肢の数を増やしていった。ある日，彼は自らこういうものが食べたいと伝えてきた。それを用意すると，彼は天国のようだと言ってほほ笑んだ。サービスが始まってから彼は初めて，自ら何を食べるかの「選択」をした。

　家庭内の無償労働として主に女性が担ってきた介護は，専門職となった。サービスの中で，その人の高齢期が充実するかどうかは，体の衰えにいかに抵抗するかではないと気付かされる。健康な体以上に大切なことは，老いという制約の中にあっても，自らがどう生きて死ぬのかを選択し，決定していく勇気があるかということである。今日何を食べたいか，何を着たいか，その毎日の積み重ねが，こうありたいという未来への希望をつくる。老いは身体的機能を退縮させるが，人間的発達は人生の最期の日まで続く。前述の彼が希望を自ら見出したのもその一例である。

　画一的な日本の学校教育，そして社会，企業で定型の役割が当たり前になると，人は担わされてきた役そのものになる。人はこれまで，伝統的な性別に縛られた役割をそのままに受け入れてきた。しかし今，人は自らものを考え，長く押し付けられてきた性別的役割をはねのけ，ひとりの人間としてどう生きたいかを選択することができる。

　介護保険法の総則には「自立した日常生活」という言葉が出てくる。希望が持てないと言われる時代に，介護の現場から，本当の「自立」とは何かを考える機会があればと願う。その人自身が今までいくら他人の世話をしてきたからといって，では今度は他人に世話をしてもらおうと思うのでは希望は見えてこない。

　生きることはそもそも，他人におまかせすることはできない。たとえ認知症で記憶がその場限りのものであったとしても，その場での選択はその人の確かな証明である。

　人は，退縮や老いによって命の輝きを失うのではない。年齢や性別としての役割を押し付けられ，選択肢を奪われるとき，人は自身の自立性を失う。

　日本の高齢者人口は，2042年におよそ3,873万人になりピークを迎える。その時，介護する側・される側が，共に選択による自立の喜びを実感できる。そんな現場になっていることを，願わずにはいられない。

（橋本仁美）

第5章

ジェンダーと教育

　世界経済フォーラムが発表するジェンダーギャップ指数（GGI）において，常に日本は130〜140カ国中，90位代から100位代と非常に低い位置にある。すなわち，女性と男性のギャップが大きいということである。健康・寿命において男女の差は少ないが，経済参画，政治参画の女性のスコアは極端に低く，男女の間に大きな格差が生じている。教育も80位代から90位代とギャップの大きさを表している。識字率，初等・中等教育への進学率に男女の差はないが，高等教育の進学率には差が表れているのである。量的格差を測る教育の男女格差解消（gender parity）は中等教育までは達成できているが，その後の生き方と結び付いていないことを表している。

　男女の教育の数量を合わすことだけではなく，教育の中身においてジェンダー平等（gender equality）教育がされていないことが，このような結果に結び付いているのではないだろうか。

　教育内容としての男女平等教育は，教育の数や量としての gender parity とその中身を考えた gender equality の両方を含む。量的格差は縮まっても教育の中身を考えたジェンダー平等教育がされず，逆に負の教育がされているなら，個人にも社会にも幸せをもたらすことはないであろう。数や量を揃えるだけではなく，どのような教育がされているか，教育の中身を考えることが求められている。

1　女性の人権と教育

教育制度や教育に対する考え方は，時代の変化，社会の変化を映し出してい

る。したがって，今日まで，さらに現在も変化し続けているということができる。男女共同参画社会に向けての制度の確立までには，民主主義社会を目指す中で，長い時間と多くのエネルギーが使われてきた。

　日本における近代化の中の大きな教育改革は，1872（明治5）年の学制発布である。しかしこの改革においては，男女による就学率には大きな差があると同時に，性別により中学校への進学と高等女学校への進学と大きくレールが分かれることとなっていた。

　次の大きな改革は戦後教育改革である。この教育改革においては，それまでの極端な国家主義を排して，機会均等，人格の完成，個性の尊重を基にして，民主主義，自由・平等の理念の確立が進められた。ここに女性にも平等の教育制度が確立したということができる。女性はさまざまな排除を受けていた事実は否めないが，制度としては，男女平等の形が整ったということができる。

　この後も，女性の人権の確立の動きの中で，教育における平等が進められていく。女性の人権の確立は，第二次世界大戦後においては，1948（昭和23）年の世界人権宣言にはじまり，1966（昭和41）年の国際人権規約の採択，1979（昭和54）年の日本の批准と，国際的規約に基づいて国際的動きとともに進められてきた。さらに，国連において1967（昭和42）年に「女性に対する差別の撤廃に関する宣言」が採択され，1979（昭和54）年に男女平等化の実現に向けて法的拘束力をもつ「女性に対するあらゆる形態の差別の撤廃に関する条約」（女性差別撤廃条約）が採択された。1981（昭和56）年，20ヵ国の批准を得て発行し，日本も1985（昭和60）年に批准している。すでに1975（昭和50）年には「世界行動計画」が採択されており，国連女性の10年（1976〔昭和51〕年〜1985〔昭和60〕年）も設けられている。その後，女性の人権の保障と男女平等の実現を目指して世界的な会議が次々と開かれている（巻末年表参照）。

　国連を中心とした世界規模の動きと軌を一にしながら日本においても1977（昭和52）年に「国内行動計画」，1987（昭和62）年に「西暦2000年に向けての新国内行動計画」が策定された。1991（平成3）年には「西暦2000年に向けての新国内行動計画（第1次改訂）」に基づいて施策が推進された。1995（平成7）年には第4回世界女性会議で「行動綱領」が採択され，1996（平成8）年には，

日本においては男女共同参画推進本部によって「男女共同参画2000年プラン」，すなわち男女共同参画社会形成の促進に関する2000（平成12）年度までの国内行動計画が決定された。その後の「男女共同参画基本計画（第2次）」（2005〔平成17〕年）においては，数値目標が記された。

　人類の長い歴史の中で，人権確立の歴史においても，近代的な教育制度の確立においても，女性は常に疎外または抑圧された状態にあった。しかし，今日においては世界的な動きを伴って，女性の人権の確立に向かって制度ならびに慣習の変革がされようとしている。

　「男女共同参画2000年プラン」では，施策の基本的方向および具体的施策として，「Ⅰ．男女共同参画を推進する社会的システムの構築　1．政策・方針決定過程への女性の参画の拡大　2．男女共同参画の視点に立った社会制度・慣行の見直し，意識の改革　Ⅱ．職場・家庭・地域における男女共同参画の実現　Ⅲ．女性の人権が推進・擁護される社会の形成　Ⅳ．地球社会の「平等・開発・平和」への貢献」が挙げられている。

　教育に関しては「Ⅲ．女性の人権が推進・擁護される社会の形成」の中に「男女共同参画を推進し多様な選択を可能にする教育・学習の充実」の項が設けられ，「男女平等を推進する教育・学習」「多様な選択を可能にする教育・学習機会の充実」が挙げられている。

　施策の基本方針は，男女の固定的な性別役割分担意識を是正し，人権意識に基づいた男女平等観の形成を促進するため，家庭，学校，地域等社会のあらゆる分野において，男女平等を推進する教育・学習の充実を図るである。さらに学校教育においては，男女平等の意識を高める教育を推進することや，女子の就職・進路指導にあたっては，教職員等助言を与えるべき立場にあるものが男女の役割について固定的な考えにとらわれることのない指導をすることが明記されている。

　具体的施策としては，初等中等教育の充実において，学校教育全体を通じて，人権の尊重，男女の平等，相互協力・理解についての指導の充実をすると同時に，教科書や教材における配慮，教員の養成・研究面での一層の充実をするよう，教育委員会等に対しての情報提供，指導，援助を行うことが挙げられている。

また，家庭科教育の充実に関しては，社会の変化や女性差別撤廃条約の批准に対応するために，1994（平成6）年度の新入生より男女ともすべての生徒に履修させるようすでに改善したとして，その趣旨の徹底や教員研修の充実，施設や設備の整備・充実に努めるとしている。

家庭教育に関する学習機会の充実，青少年男女の相互理解・協力等の推進，成人男女の学習活動の促進，男女平等観の形成の促進が挙げられ，家庭教育・社会教育においても男女平等観の促進の具体的施策が挙げられている。

「男女共同参画基本計画（第2次）」および「第3次男女共同参画基本計画」（2010〔平成22〕年）にも女性のエンパワーメントの促進の必要性が述べられている。エンパワーメントとは「個人として，そして／あるいは社会集団として，意思決定過程に参画し，自律的な力をつけること」と定義されている。

国連において女性差別撤廃条約が採択され，日本が批准している今日，日本における女性の人権および男女平等に関わる問題は，国際的な問題として取り上げられることとなった。しかしいまだ条約の内容と実態の間には大きな隔たりがあり，是正にあたって今後一層の努力が必要とされている。

2 性別特性論と教育——家庭科にみる女性像

2.1 性別特性論とジェンダー

「生物学的な性」として人間を2つに分け，それを基盤として「後天的に形成される性」の特徴を考える限り，それぞれの属する性に応じた役割をもつという特性論が成り立つ。したがって男性向け教育，女性向け教育が成立することになる。それらを明確に表しているのが特性論としての教育である。この教育においては個人の特性や多様な生き方への思考は排除され，ただ生物としての二分法の枠組のみ存在する。

性別特性論に基づく教育すなわち特性論教育は，男女各々の特徴と役割を決定し，そのための教育を推進するものであるが，一般には女子の特性論として用いられる。すなわち，あくまで男子が基準であり，女子がもつ別の役割に対して教育の必要性が考えられているのである。

日本における近代的学校制度は1872 (明治4) 年の「学制」発布に始まるといわれている。当時の社会においては，女子が受けることが認められた教育は家事能力と婦徳の養成であった。

　女子は，尋常小学校においても就学率が低く，中等教育においては旧制高校や大学につながる旧制中学がある男子に対し，別の路線といえる高等女学校のみであった。

　高等女学校の内容は，「高等女学校規定の説明における毎週教授時数の標準等を考えあわせると，高等女学校の学科課程の特色は，男子の中学校の学科課程が，国語および漢文，外国語，数学中心であったのに対して家事および裁縫を中心としている。その他男子の中学校の倫理，博物，物理および化学，唱歌などの学科名称に対して，修身，理科，音楽の名称を用いていることなどがあげられる」というように，性別特性論に基づく教育が女子に対して実施されていた (文部省 1981)。

　戦後の教育は戦前の男女別学体制から男女平等に移行したように見える。しかし，制度としては男女平等に形作られてはいても，実質的には平等でない状態が今日まで続いている。すなわち「特性論」という名のもとに性別役割分業の考えが引き継がれ，現在もこの特性論の影響を受けているということができる。

　戦後の機会均等，人格の完成，個性の尊重を基にした民主主義，自由・平等の理念に基づく教育改革においても，この特性論は大きな影響を与えている。もとより，これらは家庭科教育においてのみではなく，教育のあらゆる分野に影響を与えている。男女平等教育において特性論は常に大きな障壁となっているのである。

2.2　家庭科教育における女子特性論

　男女共同参画社会とジェンダーとの関わりにおいて，最も象徴的な教科の一つとして家庭科を挙げることができる。家庭科教育は戦後の制度の中で，かつ，つい最近まで制度として，女子特性論に基づいて実施されてきた。

　また，家庭科が特性論に基づいていることは，多くの研究者が指摘するよう

に，他の教科の男女共通性の意義を消し去り，性による分業の正当化を肯定することになるということができる。家庭科における特性論は男女平等教育の負の象徴ということができる。

戦後，CIE（民間情報教育局）は，文部省に，女子だけが学ぶ教科をなくし，教育の機会均等を求めた。しかし，文部省は教育課程において女子にだけ「裁縫」を学ばせようとし，議論の後，「家政」という新教科を提示した。CIE は男女同一カリキュラムであり，女子だけの教科とは受け取っていなかったのであるが，文部省は女子のみが学ぶと考えていたのである。

1947（昭和22）年4月実施の新制度まで時間のない中の対応策が，「小学校では「工作」のなかの一部の教材を取り出し home arts とし，女子が裁縫をしているあいだに男子は home arts（家庭工作）を学び，それらに加えて男女とも学ぶ home making の領域を設定するというものである。つまり，女子のための sewing，男子のための home arts，そして男女とも学ぶ home making の三つの部分を合わせて practical arts という一つの教科にすることにした。そうすると男女とも同一の教科を学ぶことになり，男女の教育機会均等が実現すると考えられたのである。この practical arts を日本語に訳したものが家庭科である」という方策がとられた（朴木 2003：244）。

中学校は家庭が農業，商業，工業，水産と並ぶ「職業科」の中の一科目とされ，男女ともこれらの中から1つ，または2つを選択することとなった。男女の機会均等は，制度上は保たれることとなった。

新制高校においては，必修科目は少なく，多くが選択科目であった。女子教科として作られた家庭も選択教科であったため男女の教育機会均等に対しての問題は生じなかった。

しかし，1950年代になると，女子特性論を主張する家庭科教師や学校長たちを中心に，また，その支持者たちによって家庭科は女子必修へと動いていく。すなわち性別特性論によって，家庭科は女子にのみ必修となったのである。

1958（昭和33）年に改訂された中学校学習指導要領には，男女の性別役割によって将来の生き方が異なるとして，次のように記されている。「第2　各学年の目標および内容　生徒の現在および将来の生活が男女によって異なる点の

あることを考慮して,「各学年の目標および内容」を男子を対象とするものと女子を対象とするものとに分ける」。その後に,「A　男子向き」として,目標には「設計・製図,木材加工・金属加工,栽培に関する基礎的技術を習得させ,考案設計の能力を養うとともに,技術と生活との関係を理解させ,ものごとを合理的に処理する態度を養う」と続くが,「B　女子向き」には,「調理,被服製作,設計・製図,家庭機械・家庭工作」が並ぶ。

　高等学校においても,1970(昭和45)年の学習指導要領の改訂により「「家庭一般」は,すべての女子に履修させるものとし,その単位数は,4単位を下らないようにすること。ただし,女子生徒数がきわめて少数である場合など特別の事情がある場合は,この限りでない」と,女子のみが家庭科を学ぶこととなった。目標には「(1) 家庭生活に必要な衣食住保育などに関する知識と技術を家庭経営の立場から総合的に習得させ,各自の家庭生活や地域の家庭生活の充実向上を図る能力と実践的態度を養う」と続く。

　このように,新憲法のもと,制度として打ち立てられた男女の教育機会均等は崩壊し,性別特性論のもと,男女によって異なる教育が実施されることとなった。

2.3　家庭科共修に向けての歩み

　家庭科共修を実現に導いた要因として,国連の女性差別撤廃条約への批准(1985〔昭和60〕年),「家庭科の男女共修をすすめる会」の運動(1974〔昭和49〕年～1999〔平成11〕年),社会の変化に対応して女子教育への教育行政施策を示した臨時教育審議会第2次答申(1986〔昭和61〕年)が挙げられている。同時に,忘れてならないものとして,1963(昭和38)年に京都市立堀川高等学校定時制および堀川専修分校で開始され,1974(昭和49)年に京都府全校で実施された家庭科共修が加えられている。また,この家庭科の共修は長野県をはじめ,いくつかの県でも実施されていったという(高野ほか 2010)。

　改正までの道のりは険しく,さまざまな共修への要望に反して,1976(昭和51)年12月18日に発表された教育課程審議会の答申には,女子だけの家庭科推進が明記された。家庭科の男女共修をすすめる会は答申発表同日に声明文を出

し,「今回の教育課程審議会の答申において,中学の「技術・家庭」の男女別学習,高校の「家庭一般」の女子のみ必修が再び決定されたことは極めて遺憾です。この決定は,世論を無視し,憲法,教育基本法,国際婦人年の精神に反するものです。行政当局は,せめて弊害を最小限にするよう,今後最大限の努力を続けるべきです」と述べている（家庭科の男女共修をすすめる会編 1976：2）。

　1979（昭和54）年には,国連総会で女性差別撤廃条約が採択されたが,この条約発効に向けた署名を政府が見送ろうとしていた。しかし,それが報道されたことにより,逆に署名への機運が高まりを見せた。政府は方向転換をし,署名を2日後に控えた1980（昭和55）年7月15日に,1989（平成元）年の学習指導要領から家庭科の男女共修,保健体育の男女別規定を見直すことを閣議決定した。これにより批准への道が開かれたということができる。条約は1980（昭和55）年9月3日に発効した。

　批准のためには,中学校の技術家庭・家庭科や高校の家庭科,保健体育における男女別規定教育の修正が必要とされた。このような状況の中でも,文部省は女子必修家庭科の維持を願う人々に配慮を示した。1984（昭和59）年に「家庭科教育に関する検討会議」を発足させ,「高校『家庭一般』が,我が国の歴史と伝統の上に立ち,多くの国民の同意を得て,女子教育や母性教育のうえで大きな役割をはたしてきたことにかんがみ,今後ともこのことに十分留意すべきであるとの指摘があった」と述べていた（朴木 2003：260）。しかし,男女平等を志向する国際的潮流のなか批准への機運が高まり,女子必修家庭科から男女共修家庭科に舵が切られることとなった。1985（昭和60）年6月25日に女性差別撤廃条約への批准が実現した。1989（平成元）年の学習指導要領では,中学校「技術・家庭科」,高等学校「家庭科」を男女とも学ぶこととなっている。

　日本国憲法,学校教育法,教育基本法において,教育における男女平等は明記されている。しかしながら,この後も教科書には社会の状況が色濃く反映されている。

3 教科書にみるジェンダーと教育

3.1 教科書の影響とその改善

　人権意識に基づいた男女平等教育観の育成において国際的に取り上げられているのが，学校教育の中で日々直接的に影響を与えている教科書である。
　1975（昭和50）年，メキシコシティで開催された国際女性年世界会議において採択された「世界行動計画」の81条は，「教科書その他の教材を再検討し……差別的態度の変革を促進することが確保されるよう改訂すべきである」と明言している。1979（昭和54）年6月に日本が批准した「経済的，社会的及び文化的権利に関する国際規約」（国際人権規約 A 規約）13条は，教育に関してすべての男女にその権利を保障している。同年の女性差別撤廃条約は，第10条において，教育における男女平等を基礎として，進路及び職業指導，就学の機会と資格取得のための同一条件の確保，平等の職業訓練，同一の教育課題，同一の試験等の機会が保障されるべきことを認め，(c)項には「すべての段階及びあらゆる形態の教育における男女の役割についての定型化された概念の撤廃を，この目的の達成を助長する男女共学その他の種類の教育を奨励することにより，また，特に，教材用図書及び指導計画を改訂すること並びに指導方法を調整することにより行うこと」と規定している。また第5条(a)項は「両性いずれかの劣等性若しくは優越性の観念又は男女の定型化された役割に基づく偏見及び慣習その他あらゆる慣行の撤廃を実現するため，男女の社会的及び文化的な行動様式を修正すること」と定めている。日本はこの条約に1985（昭和60）年に批准している。これらは教科書および指導方法を男女平等に変える法的根拠となっている。
　その後の国際会議においても女性の人権確立が議論されてきた。1990（平成2）年の国連経済社会理事会「女性の地位向上のためのナイロビ将来戦略に関する第1回見直しと評価に伴う勧告及び結論」（ナイロビ将来戦略勧告）においても，1995（平成7）年までに教科書の差別的記述撤廃を求めている。1995（平成7）年，第4回世界女性会議で採択された「行動綱領」は，女性に対する

教育および訓練についての「戦略的目標及び行動」の中で,「出版社,教員,公共団体及び父母団体などすべての当事者と協力して,教員への訓練を含むあらゆる教育段階に向けて,ジェンダーに関する固定観念のない教育課程,教科書及び教材を開発する」(83項 a) よう求めている。1990年代からすでに教科書の影響が重視されている。

　ユネスコは,学校のカリキュラムや教科書におけるジェンダー差別をなくすことを目指し,調査・活動を実施している。2004 (平成16) 年のユネスコの報告書 *Gender Analysis of School Curriculum and Text Books* (学校のカリキュラムと教科書のジェンダー分析) では,パキスタンのカリキュラムおよび調査結果が述べられているが,教科書に女性が登場することは極端に少なく,男女はステレオタイプ化された形で表現されており,教科書は社会の状態をそのまま反映しているに過ぎず,カリキュラムや教科書が男女平等に向けての役割を果たすこととは程遠い状況にあると報告している。報告書にはさまざまな勧告が挙げられているがまずその一つに教科書づくりに男性と女性が同じ数で参加することを求めている。

　2007 (平成19) 年の *Gender bias in textbooks : a hidden obstacle on the road to gender equality in education* (教科書におけるジェンダーバイアス—ジェンダー平等教育への隠れた障壁—) においても,教科書が与える影響の大きさを強調し,ジェンダーバイアスの多い教科書を隠れたカリキュラムととらえている。内容にあっては,女性が登場しないこと,人間の代表として男性が使われていること,伝統的なステレオタイプ化された男性と女性,すなわち仕事は男性,家事は女性という役割等の描かれ方が指摘されている。

　今日,多くの国において,社会が大きく変化し女性が働き収入を得ているにもかかわらず,教科書はそれらを反映していないということも指摘されている。すなわち教科書は,男女平等を導くどころか,ジェンダーバイアス固定化のもとに書かれているというのである。男女平等の教科書づくりの必要性が強調されている。

　さらに,北欧における画期的な男女平等社会創りとそれらに果たす教科書の役割について言及し,ジェンダー平等を促進しジェンダーのステレオタイプ化

をなくすことを目的として作成されているスウェーデンの教科書を取り上げている。スウェーデンでは，教育方針として，第一に男女観の平等を目的として掲げ，学校教育において男女の平等な権利と機会を促進し，伝統的な性役割に対抗する責任を明言している。ステレオタイプ化への対処として，意図的に男女平等への配慮をし，あらゆるイラストにおいて家事を実施する男性を配置する等，男女平等の規範づくりを実施したことを紹介している。

　男女平等を推進する国々では，男女平等を考えさせる教科書を作っている。ノルウェーの男女平等の教科書 *Likestillingsboka* は，1年生「わたしたちは家で協力する」，2年生「学校で」，3年生「わたしたちの地域の昔と今」，4年生「このように歴史は始まった——ノルウェー女性史」，5年生「魔女狩りから参政権まで——ヨーロッパ女性史」，6年生「連帯か抑圧か——第三世界の女性たち」と，1年生から6年生まで，家庭生活，歴史，海外の状況等をすべてジェンダーの視点で学ぶように作られている。教師用テキストには，生徒に質問し，生徒自らが考えることを中心に授業展開するよう，生徒への質問例が多く載せられている。現状を知り自ら考えることによって，男女平等社会をつくりあげていく力を付けようというものである（アルネセンほか 1998）。

　2015（平成27）年のユネスコの報告書 *Eliminating gender bias in textbooks : Pushing for policy reforms that promote gender equity in education*（教科書のジェンダーバイアス削減：教育におけるジェンダー平等形成のための方針展開に向けて）においても，男女平等が達成されていない国々においては，女子や女性さらには雌の動物が教科書には表れてこない場合があること，内容およびイラストレーションにおいてもステレオタイプ化された女子と女性が描かれていること，家庭内以外での女性が描かれていないこと，男子や男性が勇敢で自信をもった人として描かれているのに対して女子や女性は受け身であること，男性のみが働き女性は家事労働となっていることが指摘されている。実際に男女が平等でない国ほど，その傾向が強いと述べられている。この報告書においては，法の整備や制度化，男女平等教育への運動が大きな影響を与えることをいくつかの国の例を挙げて示している。

　教科書と社会の実態，男女共同参画社会創りには深い関係がある。慣例に流

されているのではなく，教科書には新たに創造する力を付けることが緊要な課題であるということができる。

3.2　日本の教科書にみる女性像と男性像

　日本においても教科書における男女平等は大きな問題となっている。特に小学校で使用されている教科書の研究においては，男女平等観の育成とは程遠い実態が明らかにされている。

　『教科書の中の男女差別』においては，1980年代，90年代の小中学校の教科書，国語，社会および家庭（中学校は技術・家庭），また道徳の副読本を分析している。

　検討の基本的視点として，第一に教科書の中に女性が登場するか。第二に男は仕事，女は家庭という性別役割分業のステレオタイプが多く描かれていないか。第三に旧来の男らしさ，女らしさを描くもの，とりわけ男は男らしく，女は女らしくあるべきものがないか。第四に教科書が男女平等ないし性差別を考えさせる内容となっているかというものである。

　結果としては，小学校教科書においては，「国語」は掲載作品の作者は女性が約1割しかおらず，物語の主人公は男性が7割強，女性は3割弱であり，特に成人女性の主人公が少ない。登場する職業人は男性が多く，数少ない女性の職業は農婦，教師等に限定されている。挿絵においても性別役割の固定化がみられる。内容にあっては，ステレオタイプ化された男らしさ女らしさを強調するものが多く，光村図書の「どろんこ祭り」（6年）のように，男らしさ女らしさの枠にはめ込もうとするような作品もある等，女性の描かれ方に問題がある。その他の教科においても同様に，男女の性別役割分業を追認しているという結果が出ている（伊東ほか 1991）。

　『小学校全教科の分析──自立と共生の教育の視点から』は，女性差別撤廃条約批准後はじめて大幅改訂された1992（平成4）年4月から1996（平成8）年3月まで使用されている教科書を対象とし，1996（平成8）年に向けての改訂作業をしている編集者に，男女の自立と共生の教育という視点からの見直しを要求することをも目的として分析したものである。

性差別排除の教育，男女の自立と共生を目指す教育を進めるうえで，次の3点から教科書の問題点を見ることとしている。(1)性差別・性別役割分業の撤廃をめざす，(2)男女それぞれが自立し，主体となる，(3)男女が共に生き，かつ対等な関係をつくりだすである。

　全教科書にわたる詳細な分析の結果，以下の問題が指摘されている。共通の問題点としては，第一に，主要人物が圧倒的に男性が多いことである。また男が先，女が後という表現が目立っている。また，国語，社会，生活，家庭のみならず音楽においても性差別と，性別役割分業意識が強く出ている。第二に，伝統的な「男らしさ」「女らしさ」を強調する点である。女性は，やさしく，男に従い，男性は，経済的に家族を支え，家族の生活の決定権をもつというようにステレオタイプ化されている。

　各教科書の問題点としては，国語では，男性優位の表現が目立つ。また，低学年で取り上げられている生活文は，性別役割分業を助長するはたらきをしている。これらの問題に対し分析をした著者は，文学作品だからといって追認するのではなく，差別的な表現の作品を載せないような作品選択の姿勢の必要性を指摘している。

　社会では，全社・全学年において性差別・性別役割を肯定しているばかりでなく，さらに固定化する記述がみられる。たとえば，社会的労働をする人はほとんど男性，買い物客は女性ばかりという点である。また，6年生の歴史学習においては，選定された42人の人物のうち女性は，卑弥呼，紫式部，清少納言の3人のみである。歴史は，権力者の男性を中心としてしかみていない。「個人の尊重・男女の平等」や「労働権」を基本的人権の一つとして記述しているが，基本的人権の侵害や，女性の労働権の問題，その他性差別について記述している教科書はない。

　算数では，取り上げている問題，挿絵，グラフにおいて男性を優位に扱っているほか，すべてにおいて男子が先に書かれている。また，性別役割分業の固定化に加え，性差別的な言い回しがある。

　理科では，人体の学習における女子の二次性徴が，子どもを産むことに直接結び付けられ，母性を強調する記述になっている。性に関する内容が男女の共

生と結び付かない。また，実験・観察等の写真や挿絵で，男子が主体となり積極的・能動的に描かれ，逆に女子は静的・受動的に描かれている（21世紀教育問題研究会編 1994）。

その他高校の教科書においても種々の研究から，性別役割の固定化が指摘されている。国際婦人年連絡会は，女性差別撤廃条約批准後に改訂され，1990（平成2）年に使用されている高等学校の教科書を検証している。1992（平成4）年の検定にその結果を反映させようという目的をもって分析をしたものである。検討した教科書は，「現代社会」「倫理」「国語」「家庭一般」の4科目であり，当時採用数の多い上位2社が発行したもの計8種類である。

検討の基本的視点は，女性差別撤廃条約の理念に則っているかであり，重点項目は以下の4点である。(1)女性の登場の割合，(2)女性の描写と性別役割分業のステレオタイプ化，(3)従来の固定的な女（男）らしさの肯定化および積極的な女性像の否定的記述，(4)男女平等および性差別を考えさせようとする内容になっているかである。

検討の結果明らかになったことは，教科書の著作者，編集者の大多数が男性で占められ，女性の参画が極めて少ないということであった。『国語Ⅰ』の著者24名中女性は2名というだけでなく教科によっては皆無というものまであった。また女性の描き方が固定的なジェンダーイメージにとらわれているだけでなく，さらに助長するような記述や写真・挿絵が多く，「個」として積極的に生きる女性や働く女性の登場が少ないということである。ある社の『国語Ⅰ』では著作者の男女比は，51：8で，教材中に登場する女性は21人であり，うち有職者は，家業2人を含めて4人のみであった。残りは，娘，女，母，老婆，おかみさん，おばさんなどが大半で固有名詞で呼ばれている人物は5人に過ぎない。女性の人物像は，美しい，愛らしい，醜い等が描かれ，個性や具体的な人物像をもったものはいないという結果が報告されている。

さらに，戦前・戦後の女性差別の歴史や現状について，原因や社会的背景を明らかにしたものがなく，他の差別には言及されていても，女性差別は取り上げられていない。ある社の『現代社会』の著者は，女性は10名中1名であり，18例の人物紹介のうち女性はマザーテレサと神谷美恵子だけであった。人間と

は書かれていても対象は男性であり，女性が描かれていないことが指摘されている（日本婦人団体連合会編 1996）。

　以上の結果から教科書の見直しが必要であるとして，国際婦人年連絡会は，「要請書」をまとめ，1992（平成4）年に関係機関に手渡すと同時に意見交換をしている。

　2009（平成21）年には，日本政府の「女性差別撤廃条約実施状況第6回報告」に対して，国連の女性差別撤廃委員会から厳しい指摘を受けている。委員会の最終見解には「委員会は，締約国において，男女間の不平等が存在しているにもかかわらず，女性の人権の認識と促進に対する「反動」が報告されていることに懸念を有する。委員会は，家父長制に基づく考え方や日本の家庭・社会における男女の役割と責任に関する深く根付いた固定的性別役割分担意識が残っていることを女性の人権の行使や享受を妨げる恐れがあるものとして引き続き懸念する。委員会は，こうした固定的性別役割分担意識の存続が，特にメディアや教科書，教材に反映されており，これらが教育に関する女性の伝統的な選択に影響を与え，家庭や家事の不平等な責任分担を助長し，ひいては，労働市場における女性の不利な立場や政治的・公的活動や意思決定過程への女性の低い参画をもたらしていることに留意する」と述べられている。

　男女平等教育の観点から教科書の分析をした研究は数多くあるが，いずれの研究においても性別役割の固定化が指摘され，男女平等観の育成とは程遠い内容であることが明らかにされている。教科書に関しては，これらの研究結果をもとに，いかに改善の方向に導いていくかが緊要な課題であるといえる。

　現在の若者を含めた成人は，このような教科書が使われる環境の中で育ってきたのである。21世紀の今日，我々は子ども達にどのような教科書を手渡しているのだろうか。

　2015（平成27）年度現在，小学校で使われている教科書は，どのように改善されているのだろうか。現在使われている国語の教科書においては，ある社の6年生（上）のまとめの「学んだ漢字一覧」に描かれている働く人の絵はすべて男性であり，（下）における女性の働く姿は唯一教師のみである。スポーツ等の挿絵はすべて男性である。その他多くの出版社において，また多くの学年

において，働く人はすべて男性で，働く女性は出てこないというものがある。

　社会科において上記の点は顕著で，多くの出版社において，学年を通して仕事をしているのはすべて男性または男性のように描かれている。特に挿絵・写真入りで職業従事者の話を掲載する「○○さんの話」も，すべて男性という徹底ぶりである。

　女の子，女性の内容および挿絵における出現の数と伝統的性別役割を含めたステレオタイプ化の2点においては，女性の執筆者の割合が最も多い家庭科の教科書だけが，いきとどいた配慮をしている。

　以上のように21世紀の現在，児童の使っている教科書は，世界的な教科書改善の動きと，日本の男女平等に向けての法規制の中にありながらも，内容の改善が全くみられない状態にある。中学校の教科書は，全般的に内容および挿絵においても男女のバランスに配慮が施されている。しかし，歴史の教科書の中には，日本弁護士連合会が2015年の報告書において指摘しているように，固定的性別役割分業を肯定的にとらえて女性に対する家族的責任の不平等な分担を温存・助長することに繋りかねない記述もみられる。

　最も大きな問題は，我々成人が，このような教科書で子どもたちの教育をしているということを認識していないことである。現代を生きる成人が，教科書の内容への配慮も含めて，ジェンダー平等教育に関心をもつことが求められているのではないだろうか。

4　ヒドゥンカリキュラム

　教育における男女平等の実現に向けては，制度に関わる問題以外にも，前節にも述べた教科書の改善が緊要な課題となっている。教科書問題に加えてヒドゥンカリキュラム（Hidden Curriculum）すなわち隠れたカリキュラムとして教育に大きな影響を与える教師の言動が指摘されている。

　ヒドゥンカリキュラムはアメリカにおいて，AAUW（American Association of University Women）のレポートによって明らかにされてきた（AAUW 1995）。AAUWのレポートは多数の調査研究を分析・考察した結果，教育の質と量に

おいて女子生徒が男子生徒と同じレベルの教育を受けていないということを明らかにしたのである。すなわち，学校および教室の中でステレオタイプ化された性別役割が強要されており，その結果，女子生徒の成長を阻害し，将来の可能性を狭めていることを明らかにしたのである。アメリカでは，すでに1970年代に教科書の改善が行われていた。しかし，授業の中では，ヒドゥンカリキュラムとして，女性の成長を阻害する教育が行われているというのである。これらの研究では，教師が女子生徒の自尊心（self-esteem）に与える影響等が数多く示されている（Brophy 1981; Gardner et al. 1989）。

日本においても，1970年代後半から男女平等教育の実践に向けて，現場の教師自らによる教師を対象とした実態調査が続いている。季刊『女子教育もんだい』（女子教育もんだい編集委員会編）では，女子教育の問題点を取り上げ，教師自身が現場の中で発見した問題を指摘している。ヒドゥンカリキュラムに関して分類すると以下のようになる。

1．教科書の中の性別役割の固定化
2．生徒名簿における男女の順
3．学校行事や授業の中での順位における男子の優先
4．教師間における，男性教員を主として女性教員を補助とする役割の決定および日常業務の遂行
5．教師と生徒の相互作用における教師が生徒に与える影響

5の教師が生徒に与える影響としては，(1)男らしく，女らしくという指導，(2)代表や委員長の選抜における男子生徒優先，(3)掃除を女子生徒にさせる等の伝統的性別役割の押し付け，(4)「女はどうせ」，「観賞の対象」としての存在という価値観に基づく女子生徒に対する進路指導の4点が挙げられている。

制度的に男女平等教育が完成しているかのように見える中，上記のように教室の中で女性の人権をおびやかす教育が行われている実態が指摘されている。

大学生を対象としたヒドゥンカリキュラムの実態及び学生の意識に関する調査において，学校教育におけるヒドゥンカリキュラムの詳細を見ることができる。学校教育の中で教師から受けた男女差別や伝統的性別役割に関する指導は，次の4パターンに分けることができる。

第一は委員，係，役割についての伝統的性別役割に基づいた指導である。さらに生徒が男女平等に分担したいと希望しても聞き入れてもらえなかったというもの，また，生徒会会長に立候補するとき女の子なのにと言われたというもの等がある。

第二は「女だから」と行動を規制し，「女らしく」振る舞うことを強要することである。逆に「男の子でしょ，しっかりしなさい」「女のくさったのみたい」等の言葉が日常的に使われている。

第三はステレオタイプ化された能力への期待に基づいた指導である。家庭科は男は雑でも仕方がないが女は上手くて当たり前という指導を受けた。掃除や給食当番も男子は真面目にやらなくても許され，その分女子がやらされた。高校のとき，女子が委員長やクラブの長になれなかったというものまである。

第四は，進路指導に関して，女子の進路の幅を狭める指導をしているということである。大学進学時に女子だからという理由で短大を勧められた。「女はそんなに頑張って勉強することはない」という担任の言動等である。これらの進路指導は当然のことながら第一から第三までの指導と結びついている。性別役割分業の考えに基づいて将来の女性の進路を制限する指導が行われているのである。

この他，成績の発表の際，女子と男子の平均を出して対比すること等，いつも，また何に関しても女子グループと男子グループに分け，なぜ対比したり競わせたりする必要があるのかという疑問である。女子，男子として見る前に，個人として一人ひとりを見てほしいという声である。性別二分化に対する指摘である（西岡 1998）。

これらは今日も続いている。明日にでも地域の学校を覗いてみればどうだろうか。掲示板の「将来就きたい職業はどれ」の絵はすべて男性の絵ではないだろうか。英単語のスポーツや職業の絵もすべて男性ではないだろうか。

大学の実態はといえば，自主的なクラブやサークル活動の中に，学生たちが自ら，会長は男子学生，副会長は女子学生と決めるというものや，書記や雑用係は女子学生に決まっているというものが多い。また，大学のクラブ・サークルの名簿を作る際も男子が先，女子を後にする。小学校からの教育を通して性

別役割分業を吸収してきている学生たちは,自ら性別役割分業を行使する。

以上のように,学校教育の中で教師が個人として生徒の個性を重視した指導をせず,ステレオタイプ化した女子生徒,男子生徒としての指導をして,女子生徒の可能性を縮小 (short change) していることは問題である。

また,大学生を対象とした研究から,「男女共同参画社会に関心をもっている者」は,教科書の中の男女の描かれ方,男女のステレオタイプに基づく教師の指導に対して強い認識をもっており,「男女共同参画社会に関心をもっていない者」との間に有意な差がみられた。男女共同参画社会創りを目指した意識の改革の必要性が示唆されているといえる。

家庭教育において,より強く性別役割意識に基づいた教育が行われていることも,上記調査,その後の調査においても明らかにされている。もとより男女共同参画社会の達成は学校教育だけでは十分でない。家庭教育,家庭におけるモデルの提示による影響も考慮する必要がある(西岡 2001)。

AAUW会長のアリス・リード(Alice Leide)は,「もし我々が女子の能力と可能性を縮小(shorter)しているなら,我々はアメリカという国の可能性を縮小(shorter)していることになる」と明言している(AAUW 1995:9)。日本も女子に対する狭隘な教育が日本の発展の妨げとなっていないかを考える必要がある。

5 社会全体の目標としてのジェンダー平等教育

5.1 是正への要望

学校は,男女平等教育を推進しているのではなく,伝統的性別役割を再生産しているのではないだろうか。

日本政府の「女性差別撤廃条約実施状況第4回報告」に対して,2001(平成13)年,日本弁護士連合会は,「第10条 教育の分野における差別の撤廃」に関して,「日弁連の意見小学校・中学校の教科書のあり方及びジェンダー・フリー教育についてのみ意見を述べる」として,以下のように提言を行っている。

　1)当連合会は,1989年2月,「教科書における男女平等」についての

意見書を発表した。その中で当連合会は，小学校・中学校の教科書に関し，「固定的性別役割分担意識と『男らしさ』『女らしさ』の固定化された概念を子どもにうえつけ，助長する記述，写真及び挿絵を改善し，男女平等の理念に立ち，男性も女性も共に，人間として自立した豊かで多様な生き方を学ぶことができる教科書とすること」を提言した。

　以上の当連合会の提言後も，教科書の記載が提言に従って改善されたとは言えない。

　従って，具体的取組として，次のような点を盛り込むべきである。
① 家庭科の共修が実現したと言ってもまだ完全ではないので，必修かつ共修とすべきである。
② ジェンダーの視点に配慮した教科書づくり，特に家族の多様化と個人の自立に配慮した家庭科の教科書づくりが必要である。
③ 男女別教育の慣行，教員の男女数の偏り，教員の性差別を助長する言動等という，いわゆる隠れたカリキュラムをなくすための積極的な取り組みが必要である。
④ ジェンダー・フリー教育のガイドラインを作成し，実施することを検討すべきである。
⑤ 生涯教育，職業教育においても，ジェンダーの視点に配慮すべきであり，「女性のエンパワーメント」につながる内容となるようにすること。
2）社会・学校・家庭のあらゆる場面において，現実には両性の平等が実現されていないことを認識すると共に，個人が自由で個性的な選択ができる真の両性の平等を実現するためのジェンダー・フリー教育の徹底を図るべきである。

（日本弁護士連合会 2001：30-31）

　さらに，公民の教科書については，固定的性別役割分担意識を肯定的に捉えていると指摘している。

　先にも述べたように2009（平成21）年の国連の女性差別撤廃委員会最終見解

においても，「こうした固定的性別役割分担意識の存続が，特にメディアや教科書，教材に反映されており，これらが教育に関する女性の伝統的な選択に影響を与え，家庭や家事の不平等な責任分担を助長し，ひいては，労働市場における女性の不利な立場や政治的・公的活動や意思決定過程への女性の低い参画をもたらしていることに留意する」と日本の教科書や教材の問題点が取り上げられている。

しかしながら，その後も改善の動きはなく，2015（平成27）年，日本弁護士連合会は，日本政府は教科書に関していかなる処置を講じたかを明らかにしていないと指摘している（日本弁護士連合会 2015）。

2012（平成24）年には，国際婦人年連絡会は，「高校教科書は男女共同参画社会形成に不可欠な内容とするよう求める要望書」を出した。「高校必修教科中心に今年検定に合格した国語，地歴・公民，理科，保健体育，英語，家庭科などの高校教科書を「ジェンダー視点（男女共同参画の観点）」で検討しました。そこでわかったことは，総じて女性執筆者が少なく，家庭科教科書以外，教科によっては男性執筆者が大半という教科書も目立ち，これは各社共通した事象でした。……そのため，「ジェンダー視点（男女共同参画の観点）」に欠けています。中でも「現代社会」は家庭科とともに，生徒自身の生活している現実を学ぶ教科にもかかわらず，現実に即しての記述はありません」として，「１．教科書の内容を男女共同参画社会形成に役立つものとすること。１．教科書の執筆者に女性を積極的に加えること。１．2020年までに女性執筆者30％を実現する具体的方策を明示すること」の３点を要望した（国連婦人年連絡会 2012）。

以上のように，是正への勧告や要望が続いている。しかしながら，教科書の内容は男女共同参画社会創りとは程遠い状態にあり，改善への努力がみられない。

教室におけるヒドゥンカリキュラムについては，AAUW は，アクションガイド *The AAUW Report, How Schools Shortchange Girls-Action Guide* において，学校教育の中で女子生徒の成長を阻む要因の一つとして取り上げ，最も重要な課題の一つとした上で，そのためのアクションとして７つ挙げている（AAUW 1992）。

(1)教員研修における男女平等教育重視，(2)教員養成の過程におけるジェンダーに公平な理念をもったカリキュラムによる教員教育，(3)管理職が教師のジェンダー平等教育に関するセミナーやワークショップの参加に向けて配慮すること，教師が研究費や奨学金等を得て実際に自分でジェンダーに公平な教育の研究ができるよう援助すること，(4)管理者側からの教室におけるジェンダー平等教育の促進，その結果を生かし問題点を是正し教室の中においてジェンダー平等化が図られるための方法についての検討，(5)ジェンダー・フリーの教育実践を実際の授業を教員同士が観察することによって学習し合い教育方法を開発していくこと，(6)AAUW が開発した教師への示唆と実践が推進できるようなグループを作ること，(7)AAUW に参加・連携してジェンダー平等化の問題と教育のあり方についての改革の展開，である。

　教員の研修は，AAUW でも重要な方法として強調されている。同様に，「第3次男女共同参画基本計画」(2010〔平成22〕年)においても，教員研修の充実が取り上げられている。しかしながら実際の初任者研修および10年研修においては，「男女平等・男女共同参画」に関する内容・項目を明記しているケースは少なく，一部に人権教育の中で取り扱っていると考えられるものがある程度である。すなわち文部科学省が示す目標・内容例にはこれらが一つの項目として設定されているわけではなく，教員研修での「男女平等・男女共同参画」の位置づけが明らかにされていないのが現状である。それぞれの教育委員会においてもインタビュー調査の結果から，十分な研修を受けていないとの報告がされている（木村 2014：190-198）。すなわち，教員研修の中に，男女平等を推進する教育の内容が充実するよう，教職員を対象とした研修等の取り組みを促進する「第3次男女共同参画基本計画」の状況はみられないのである。

　大学のカリキュラムには「ジェンダー」や「ジェンダーと教育」等の教科があるが，選択科目であり，取得する学生は一握りである。諸外国では必修科目とする傾向にあるが，日本においては教員養成教育の中にジェンダー平等教育を取り入れようという試みはない。

　学校の中でのジェンダー平等教育の実施にも期待はもてそうにない。木村は，「各学年に配属されている教師の数は男女それぞれ同数であるが，学年が上が

るにつれて学級担任に占める男性の割合が高くなり，担当教科の男女の偏りがみられる。このように，各学校の教師集団の基本構造には，担任や学年の配置だけでなく，校務分掌の分担を含む学校運営組織構造にも性別分業パターンで把握できるジェンダー秩序がみられ，これにより「教師としての仕事」に性別による質的差異が生じている。こうした基本構造を有する組織文化のもと，教師たちは何を男女平等教育と捉え，何を実践しているのだろうか」と述べた上で，このような学校文化の中で，ジェンダー平等教育は個人の裁量とされており，教員同士が観察し合う等とは程遠い状況にあると報告している（木村 2014：130）。むしろ，「性別役割期待に則った集団統制が「男女の協力」のあり方として解釈されている側面がある」という指摘があるように，「個人の裁量に任された具体的な教育実践の中には，性別秩序の維持・再生産に加担しているものもある」というのが現実であるというのだ（木村 2014：146-150）。

　もちろん『学校をジェンダーフリーに』等に報告されているように，性別二分法による児童・生徒の扱いや性別役割への期待の実態に気付く等，ジェンダー・センシティブになるよう孤軍奮闘している教師達もいる。しかしながら現在においては少数派といわざるを得ない。

　近年の人口減少からくる労働力不足により，女性活用が叫ばれてはいる。しかしながら，現状は，学校教育において，男女平等への是正に向けて女性の能力と可能性が縮小から拡大へ転換されたという大きな動きはみられない。

5.2　ジェンダー平等教育に向けて

　経済開発がかえって女性に負の影響を与えたことから，1970年代には，「開発における女性」（WID: Women in Development）アプローチが導入された。女性を人材として開発に加えようとするものである。女性の公教育へのアクセスの拡大等が，経済活動や社会参加に繋がるという考えに基づくものである。しかし，これらのプロジェクトは成果を上げることができなかった。

　1980年代からは「ジェンダーと開発」（GAD: Gender and Development）アプローチが導入され，社会的な男女の役割意識や意志決定を重視し，その是正のもとに開発を進めることとなった。学校に通う女子の人数が男子と同数になっ

ても学校が女子に従属的であることを教え,男性優位の社会を提示するなら,ジェンダーの再生産という負の教育をしていることになるというのである。したがって,数の上で揃えるのではなく,意識の変革という内容を重視したジェンダー平等(gender equality)教育をし,社会と経済の発展を促進しようというものである。

2003年のユネスコの報告書 *Gender and Education for All THE LEAP TO EQUALITY*(「平等のためのジェンダーと教育」)においても,女子と男子が同じ割合で教育に参加するという教育の男女格差解消(gender parity)はジェンダー平等(gender equality)の達成とは結び付かず,個人の能力を伸ばし国の発展を促進することに繋がらないと述べられている。

ジェンダー平等教育とは,偏見のない教授法とカリキュラムおよび進路指導を実施することであり,ジェンダーにより差別のない学習達成度や学歴,資格,また,それらに対して職業を得る機会と報酬が平等であることを意味していると述べられている。学校における正規のカリキュラムや教科書を含むヒドゥンカリキュラムが,固定された女性の役割を押し付け,それらが歪んだジェンダー観の形成に影響を及ぼし,女性の能力を阻害している場合はジェンダー平等教育とはいえないのである(Unesco 2003:44)。

多くの途上国において就学におけるジェンダー格差の解消が優先課題とされてきたが,包括的な改革によるジェンダー平等教育が達成されない限り,社会経済の発展には結び付かないことが明らかになってきた。その結果,開発援助にあっても途上国への援助のあり方が見直されることとなった。すなわち,途上国の発展のためには,ジェンダー平等を達成するためにこそ資金援助がされるべきと考えられるようになってきたのである(結城 2015:XVI)。

日本の状況はどうであろうか。日本においても教育の男女格差解消(gender parity)は進んでいるように見える。しかし,ジェンダー平等(gender equality)の達成とは結び付いておらず,途上国と同じ問題を抱えているということができる。ジェンダー平等を達成するためには,現在実施されている負の教育を見直す必要がある。数の上での男女の格差解消(gender parity)だけではなく,内容の改革を伴うジェンダー平等(gender equality)教育という明確な目標を

もたない限り，教育現場は人々の幸福に向けて責務と機能を果たすことはできないのである。

「男女共同参画基本計画（第2次）」(2005〔平成17〕年)には「男女共同参画社会を実現するためには，国民一人一人が男女共同参画についての正しい意識や自立の意識を有することが不可欠である」，「また，女性も男性も各人の個性と能力を発揮し，社会のあらゆる分野に参画するためには，生涯学習の振興が極めて重要な意義をもつ。生涯にわたり多様な学習機会が確保され，学習の成果が適切に評価される生涯学習社会の形成を促進するための施策を講じ，もって男女共同参画社会の形成を促進する」と述べられている。

ジェンダー平等である男女共同参画社会を創るためには，社会の全成員が学び，認識を深め，社会全体でジェンダー平等社会および男女共同参画社会創りを推進することが求められている。

参考文献
21世紀教育問題研究会編（1994）『小学校全教科書の分析——自立と共生の教育の視点から』労働教育センター．
アルネセン，I. J.・ランボー，A., 男女平等の本を出版する会訳（1998）『ノルウェー・ジェンダーフリー教育用テキスト〈Likestillingsboka〉男女平等の本』男女平等の本を出版する会．
伊東良徳ほか（1991）『教科書の中の男女差別』明石書店．
外務省委託（アイ・シー・ネット株式会社）（2003）『外務省委託　開発における女性支援（WID）/ジェンダー政策評価—途上国の女性支援（WID）イニシアティブの評価—最終報告書』
http://www.mofa.go.jp/mofaj/gaiko/oda/shiryo/hyouka/kunibetu/gai/wid/jk00_01_index.html（閲覧日：2015年5月1日）
家庭科の男女共修をすすめる会編（1976）『家庭科の男女共修をすすめる会　ニュース』No. 15.
家庭科の男女共修をすすめる会編（1977）『家庭科，なぜ女だけ！——男女共修をすすめる会の歩み』ドメス出版．
家庭科の男女共修をすすめる会編（1982）『家庭科，男子にも！——広がる共修への願い』ドメス出版．
亀田温子・舘かおる編著（2000）『学校をジェンダーフリーに』明石書店．

木村涼子（1999）『学校文化とジェンダー』勁草書房．
木村育恵（2014）『学校社会の中のジェンダー——教師たちのエスノメソドロジー』東京学芸大学出版会
国際婦人年連絡会（2012）「高校教科書は男女共同参画社会形成に不可欠な内容とするよう求める要望書」
http://www.iwylg-jp.com/2012/11/04/1130（閲覧日：2015年5月1日）
佐々木享（1987）「高校の学科家庭科に関する覚書」『名古屋大学教育学部紀要』34：207-243.
女子教育もんだい編集委員会編（1990）『女子教育もんだい』No. 42，労働教育センター．
女子教育もんだい編集委員会編（1991）『女子教育もんだい』No. 46，労働教育センター．
女子教育もんだい編集委員会編（1991）『女子教育もんだい』No. 48，労働教育センター．
女子教育もんだい編集委員会編（1992）『女子教育もんだい』No. 52，労働教育センター．
ストロンキスト, N., 結城貴子訳・解説（2015）『教育におけるジェンダー平等（ユネスコ国際教育政策叢書7）』東信堂.
高野俊ほか（2010）「家庭科の男女共修に着手した教師のライフヒストリー研究——1960〜1970年代の京都府において」『日本家庭科教育学会誌』53(1)：3-13.
西岡正子（1998）「女性の人権と教育——ヒドゥンカリキュラムの実態とその影響」『佛教大学総合研究所紀要』5：139-155.
西岡正子（1999）「女性の人権と教育における平等——ヒドゥンカリキュラムの実態と是正への対策」『佛教大学総合研究所紀要』別冊：119-137.
西岡正子（2001）"The Role of Lifelong Learning in Promoting Gender-Equal Education"『佛教大学教育学部論集』12：55-68.
西岡正子（2003）「グローバルな課題への生涯学習のローカルな対応——台湾（高雄市・高雄縣）における男女平等社会の形成」『佛教大学教育学部学会紀要』2：75-100.
西岡正子（2005）「カナダにおける男女平等教育の展開——カルガリー大学を中心とする男女平等教育活動を事例として」『佛教大学教育学部学会紀要』4：39-50.
日本婦人団体連合会編（1996）『婦人白書1996』ほるぷ出版.
日本弁護士連合会（2001）『「女子に対するあらゆる形態の差別の撤廃に関する条約の日本における実施状況に関する第4回日本政府報告」に対する日本弁護士連合会の報告』.

日本弁護士連合会（2015）『女性差別撤廃条約に基づく第 7 回及び第 8 回日本政府報告書に対する日本弁護士連合会の報告書～会期前作業部会によって作成される質問表に盛り込まれるべき事項とその背景事情について～』.
朴木佳緒留（2003）「女子特性論教育からジェンダー・エクィティ教育へ」橋本紀子・逸見勝亮編『ジェンダーと教育の歴史』川島書店，241-266.
文部省（1981）『学制百年史』
　　http://www.mext.go.jp/b_menu/hakusho/html/others/detail/1317630.htm
　　（閲覧日：2015年 5 月 5 日）.
American Association of University Women Educational Foundation ed.（1992）*How schools Shortchange Girls─Action Guide*, New York: Marlowe & Company.
American Association of University Women Educational Foundation ed.（1995）*How schools Shortchange Girls─THE AAUW REPORT*, New York: Marlowe & Company.
Brophy, J.（1981）"Teacher Praise: A Functional Analysis," *Review of Educational Research*, No. 51(1): 5-32.
Gardner, A. et al.,（1989）"Equity, Excellence and 'Just Plain Good Teaching !,'" *The American Biology Teacher*, No. 51: 72-77.
Unesco（2003）*Gender and Education for All THE LEAP TO EQUALITY*.
Unesco（2004）*Gender Analysis of School Curriculum and Text Books*.
Unesco（2007）*Gender bias in textbooks : a hidden obstacle on the road to gender equality in education*.
Unesco（2015）*Eliminating gender bias in textbooks : Pushing for policy reforms that promote gender equity in education*.

　　　　　　　　　　　　　　　　　　　　　　　　　　　　（西岡正子）

> コラム5

女性のキャリアを広げる教育
―― カナダ・カルガリー大学の実践 ――

　カナダのアルバータ州カルガリー市にあるカルガリー大学では，女性の能力を開発し，平等な労働の機会を獲得できるよう，さまざまな活動を行っている。

　大学内の WISE (Women in Science and Engineering) は，自然科学と工学を専攻する大学生の組織であり，大学の協力のもとに，女子児童を対象とした科学キャンプ，中学・高校の女子生徒に対する授業のデモンストレーション，中学3年女子生徒を対象とした一日参加型プログラム Explore IT Conference の開催等を実施している。このプログラムは，ICT (Information Communication Technology) の紹介，専門分野に分かれての実践，ICT 分野の職業の紹介，およびその分野で活躍するロールモデルとなる女性との懇話会等を実施する。女子生徒に ICT 関連の職業に就くためには，高校入学後，数学や自然科学の選択をしなければならないことを教え，女子生徒が将来の職業選択の幅を狭めることのないようにしている。

　このほか，SCIber MENTER PROGRAM が，カルガリー大学，アルバータ大学，アルバータ女性科学者ネットワークによって実施されている。アルバータ州政府と石油・ガス会社が資金を提供している。11歳から18歳までの女子生徒と mentee／mentor のペアーを作り，将来の職業や趣味等を話題として，e-mail でコミュニケーションを取るものである。このプログラムの目的は，身近に役割モデルのいない地方の女子児童・生徒に自然科学や工学の分野の仕事に対する道を開くことである。高校において，数学や自然科学のコースを取る割合を増やすことも目的としている。最終的には，自然科学や工学の分野へ進学し，それらの分野で働く女性を増やそうとするものである。

　また，Women in Engineering Day は工学部紹介のプログラムである。高校1年生と2年生の女子生徒を対象とする。女子生徒は，カルガリー大学工学部の女性の教員や院生・学部生から工学部の紹介を受け，実験に参加し，工学の分野で活躍する女性と話をする。目的には，工学部に入学するために必要な教科や成績レベルを紹介し，役割モデルを提示することが掲げられている。

　カルガリー大学の自然科学・工学分野の教員，院生，学部生の多くを女性が占める結果を導いている。

（西岡正子）

第6章

ジェンダーと
ワーク・ライフ・バランス

　ワーク・ライフ・バランスを本章では,「仕事(有償労働)と家庭(無償労働)の調和」と捉える。仕事と家庭生活の両立は,個々人の生活を豊かにするだけでなく,雇用状況をはじめとする,社会・経済的なさまざまなジェンダー・ギャップを埋めていくことにつながる重要なキーワードである。本章では,ワーク・ライフ・バランスの現状と,なぜワーク・ライフ・バランスを達成することが必要なのか,また今後どのような課題に向き合うべきなのか,ジェンダーの視点から考える。

　具体的には,まずワーク・ライフ・バランスの理念が登場してきた経緯と,それに対する人々の意識を,他の国々との比較もあわせてみていく。次に,有償労働,無償労働(家事・育児)の生活時間を通して女性,男性の具体的な生活状況をみていく。さらに,現状のアンバランスから派生している男女それぞれの問題について述べ,ジェンダーにかかわらずワーク・ライフ・バランスを実現していくにはどのような課題があるのかを考える。特に仕事と家庭生活の調和に課題が多い,育児期のライフステージにある母親や父親については,詳しくみていく。

1 「ワーク・ライフ・バランス」の登場

1.1 少子化問題から「ワーク・ライフ・バランス」へ

　1989(平成元)年の出生率が1.57となり,1966(昭和41)年の「ひのえうま」の1.58を下回った。それを受けて,1990(平成2)年には「1.57ショック」と命名され,少子化が社会問題化した。1992(平成4)年施行の育児休業法をは

じめとして，これ以降，主に女性が子育てと仕事の両立が可能になるような「両立支援」が，少子化対策としてとられてきた。それが2000（平成12）年に入るころから少子化対策は男性も含めた支援へと変化を遂げる。2002（平成14）年の「少子化対策プラスワン」では「男性を含めた働き方の見直し」という柱が加えられた。また，2003（平成15）年の「少子化対策基本法」では施策の理念に「男女共同参画社会の形成とあいまって」という文言が入り，男女共同参画社会を目指しながら，少子化対策がなされなければならないとされた。これらの流れに続いて，2004（平成16）年には厚生労働省が「仕事と生活の調和に関する検討会議報告書」を公表し，さらに2007（平成19）年に「ワーク・ライフ・バランス憲章・推進行動指針」が策定され，ワーク・ライフ・バランスということばが浸透していくことになる。

　つまり，少子化対策の主に女性の両立支援から，1999（平成11）年に施行された，「男女共同参画社会基本法」[1]の男女共同参画に沿ったものとして，「ワーク・ライフ・バランス」が強調されることになった。

　もともと，ワーク・ライフ・バランスという概念は，欧米に端を発し，経営学分野などで人的資源の生産性向上を目指したものとして古くから存在した。経済システムが，グローバル化，ソフト化，IT化という波にさらされ，国際競争が増していくなか，日本の年功序列賃金制や終身雇用制度という戦後の日本的経営から，新しいシステムの確立のため，「雇用の多様化」すなわち「多様な働き方」の推進を図るものとして位置付けられてきた。しかし，本章では雇用政策として捉えられてきたワーク・ライフ・バランスではなく，また，少子化対策としてのワーク・ライフ・バランスをこえて，ジェンダーにかかわらず個人のウェルビーイングをいかに実現していくかという視点を中心に考えていく。

　ところで，何を「ワーク」と捉え，何を「ライフ」と定義づけるかについてはさまざまな見解がある。既婚者・独身者，子どもの有無，ライフステージの違いなどを考慮すれば，それぞれの異なった「ワーク」や「ライフ」が考えられる。しかし，ここでは「ワーク」を賃金を伴う「職業生活」，「ライフ」を賃金を伴わない「家庭生活」として捉えることにしよう。なぜなら，高度経済成長期以降，現在にいたって深く根付いている「男は公的な領域での仕事，女は

私的な領域(家庭)での家事・育児・介護」という性別分業を見直す視点からWLBを検討していくからである。よって，本章では家庭外での有償労働（ペイドワーク）と，家事・育児・介護などの家庭における無償労働（アンペイドワーク）との調和を図ることをワーク・ライフ・バランス（以下，WLBと表記）とする。

1.2 政府の取り組み

　前項で述べてきたように，男女共同参画の流れを汲んだ社会的状況において，政府は積極的にWLB関連の施策を行うことになった。2007（平成19）年には関係閣僚，経済界・労働界・地方公共団体の代表等からなる「官民トップ会議」で，「仕事と生活の調和（ワーク・ライフ・バランス）憲章」，「仕事と生活の調和推進のための行動指針」が，大きな柱として策定され，これが現在のWLB政策の主軸となっている。

　そこでは，仕事と生活の調和が実現した社会とは，「国民一人ひとりがやりがいや充実感を感じながら働き，仕事上の責任を果たすとともに，家庭や地域生活などにおいても，子育て期，中高年期といった人生の各段階に応じて多様な生き方が選択・実現できる社会」と明示している。めざす社会の具体像として，「就労による経済的自立が可能な社会」「健康で豊かな生活のための時間が確保できる社会」「多様な働き方・生き方が選択できる社会」の3つが挙げられ，「経済的自立」「時間確保」「多様な選択」というキーワードで構成されている。どのような方法でジェンダーにかかわらず誰もが自らの意欲と能力をもってさまざまな働き方や生き方に挑戦できる機会が提供されるのか。つまり，子育てや親の介護が必要な時期など，状況に応じて時間が確保され，多様で柔軟な働き方が選択でき，しかも公正な処遇が確保されるか，という労働のあり方が大きな課題となる。

　また，このWLB憲章の策定を待つまでもなく，WLBの根拠となるものとして，ILO第156号条約の「家族的責任を有する男女労働者の機会及び待遇の均等に関する条約」があり，日本は1995（平成7）年に批准している。その内容は，子どもや近親者のケアのため，職業生活に支障をきたすような男女の労

第6章 ジェンダーとワーク・ライフ・バランス

働者に対して，さまざまな保護や便宜を提供し，家族的責任と職業的責任とが両立できることを目的としたものである。また，それを補足するものとして，「家族的責任を有する労働者勧告」(第165号) があり，訓練及び雇用，雇用条件，保育及び家族に係るサービス及び施設，社会保障，家族的責任の遂行に係わる援助などに関する措置および実施されなければならない政策について，詳細に規定している。たとえば出産時の両親休暇の規定では，両親のいずれかは，出産休暇の直後に休暇 (育児休暇) を取る可能性をもち，その間，雇用は継続され，雇用から生じる権利は保護されるとしている。

このようなILO条約により，男女とも職業生活と家庭生活を両立しながら家族責任を果たすこと，すなわちWLBの達成は，WLB憲章を待つまでもなく，すでに国際的には日本社会で実現に向け努めることが責務となっている。

2 WLBに対する意識

まず人々の意識のレベルから，「ワーク」と「ライフ」のバランスを女性，男性はどのように望んでいるのかみてみよう。図6-1は，日常生活における「仕事」「家庭生活」「個人の生活等」のバランスのあり方についての優先度を，現実と希望それぞれについて，20歳以上49歳までの男女を対象とした国際意識調査から，日本の結果を示したものである (内閣府 2010)。

希望についてみてみると，女性で最も多かったのが「家庭生活」で31.3%，次いで「仕事と家庭」の21.9%の順になっていた。男性では「仕事と家庭」が最も多く35.4%を占め，次いで「仕事と家庭と個人」の13.4%が多かった。女性はもちろんのこと，男性にも「家庭生活」は軽視できないものとして位置付けられていることがこの結果からわかる。

ところが，現実の生活については，男性では「仕事」優先が45.1%となっており，半数近くが仕事優先の生活を営んでいる。これを日本，韓国，アメリカ，フランス，スウェーデンの5ヵ国で比較してみると，日本の男性が最も高い割合を示している。また，理想と現実の差をみると，5カ国中最も大きな差がみられたのは日本の男性で，希望に沿わない生活を送っている男性が多く存在し

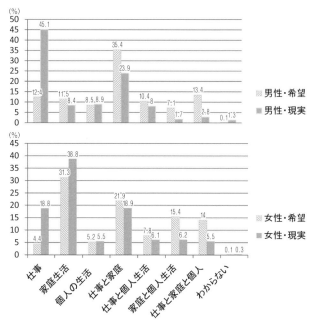

図 6-1 「仕事」「家庭生活」「個人の生活等」の優先度
（出所）「少子化社会に関する国際意識調査報告書」平成23年（内閣府政策統括官）をもとに作成。

ていることがわかる。

　女性はというと，希望は「家庭生活」が31.3％と最も多かったが，現実はそれにも増して38.8％と多くなっており，男性とは反対に，本人の希望に反して家庭を優先せざるを得ない人もみられる。また，「仕事」優先の希望は4.4％しかみられなかったのに対して，現実の生活が「仕事」優先になっている女性が18.8％と，大きなギャップがみられた。女性の場合は，望まなくして「家庭」優先と「仕事」優先の二つの方向性がみられるのが特徴的である。

3　生活時間からみるWLBの実態

　WLBは，個人がどのようなことに，どれだけの時間を費やすことができる

第6章 ジェンダーとワーク・ライフ・バランス

のかという「時間」の問題として捉えることができる。そこで，実際に職業生活と家庭生活はどのようなバランスで営まれているのかについて，時間的な側面から実態をみていく。生活時間を有償労働（職業労働）時間と無償労働（掃除・炊事・洗濯などの家事や育児・介護などのケア）時間の2つの側面からみていく。

3.1　有償労働

まず，有償労働である労働時間からみていこう。図6-2は毎月勤労統計調査を用い，1990年から2014年までの年間の総実労働時間（所定内労働時間と所

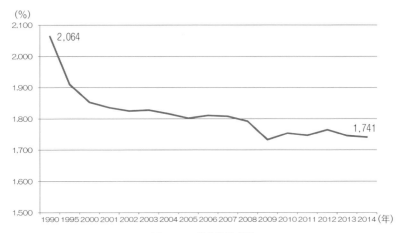

図6-2　総実労働時間

（資料）　厚生労働省「毎月勤労統計調査」（事業規模5人以上）
（注）　1）　総実労働時間は所定内労働時間に所定外労働時間を加えたものである。
　　　　このうち所定内労働時間は事業所の労働協約，就業規則等で定められた正規の始業時刻と終業時刻の間の実労働時間数のことであり，所定外労働時間は早出，残業，臨時の呼出，休日出勤等の実労働時間数のことである。
　　　2）　年間の労働時間は1か月当たり労働時間を12倍し，小数点以下第1位を四捨五入したものである。
　　　3）　事業所規模30人以上の調査事業所の抽出替えを昭和63，平成3，5，8，11，14，16，19，21，24年の各1月及び昭和57，60年の各4月に行っているが，実数についてはギャップ修正を行っていないので実数による時系列の比較については注意を要する。
（出所）　厚生労働省（2015）「労働統計要覧（平成26年度）」をもとに筆者が作成。

定外労働時間の合計）の推移が示されている（厚生労働省 2015）。まず目につくのは1990年から2000年ごろに急に労働時間が減少していることである。この減少の背景には、1987年に労働基準法が改正され、1日8時間、週40時間の法定労働時間が導入されたことの影響がある。しかしその後、漸減しているものの、緩慢な変化をたどり、特に2009年頃からはほとんど変化がみられない。前項で述べたWLB施策で多様な働き方の推進など講じられてきたはずだが、今のところ労働時間の短縮にはつながっていない。

では、ジェンダーによる違いはどのようになっているのだろうか。同じく毎月勤労統計調査による年間総実労働時間をみると（図6-3）、2008（平成20）年から2014（平成26）年まで女性も男性も同様にほとんど変化がない（内閣府 2015）。男女の労働時間の差は約400時間で、男性は圧倒的に長時間労働となっている。「男性稼ぎ主」という体制のもとで、男性はフルタイムワーカー、女性は経済的には補助的な役割として位置付けられていることから、女性はパートタイム

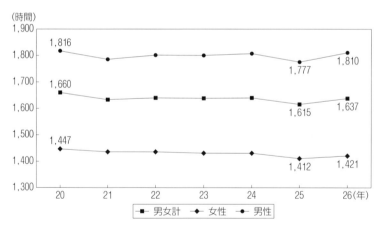

図6-3　年間総実労働時間の推移

(備考)　1．厚生労働省「毎月勤労統計調査」より作成。
2．年間総実労働時間は、各年の1月平均値を12倍して算出。
3．平成23年3～4月分（宮城県は5月分も含む）について、岩手県、宮城県及び福島県の被災3県を中心に一部調査を中止している。
4．数値は一般労働者及びパートタイム労働者の合計。
(出所)　内閣府（2015）「男女共同参画白書（平成27年版）」

等の短時間労働が多く,労働時間の大きなジェンダー・ギャップを生んでいる。

次に,諸外国との間では日本はどのように位置づけられるのかをみてみよう。年間の総実労働時間を OECD 諸国と比べると,先進国の中ではやはり日本の長時間労働が目立つ。2014年でみると,総実労働時間の最も短いドイツ (1,371時間) と日本 (1,729時間) の差は約350時間あり,アメリカ (1,789時間) と並んで労働時間が長い国と位置付けられる (OECD 2015a)。

また,先にみた日本の女性の労働時間 (1,421時間) は,ドイツの男女合わせた平均の労働時間 (1,371時間) をも上回っていることは特筆すべきことである。日本は男性だけではなく,女性も決して短くない労働時間となっている現状が浮かび上がってくる。

日本の長時間労働の理由については多くのことが考えられるが,よく指摘されるのは時間当たりの労働生産性の低さである。労働生産性とは,労働者1人1時間あたりの生産額のことで,「2015年 OECD 対日審査報告書」では,日本は OECD 上位半数の平均を25％下回っており,その低さが指摘されている (OECD 2015b)。職責の不明確さや,上司がいると帰宅できないというような職場風土などに大きな課題があると思われる。

さらに,図6-4のように,週に49時間以上働く長時間労働者に絞ってみていくと,その割合は,欧米諸国はいずれも2割にも満たないが,日本の男性は30％を超えており,群を抜いて長時間労働が多い国となっている。女性に関しても9.8％と男性に比べれば少なくなっているが,8カ国中最も多くなっていることは見逃せない特徴である。

① 男性フルタイム就労の平日労働時間

日本の男性に長時間労働者が多いことから,さらに男性フルタイム就労の平日労働時間に絞ってみていこう。社会生活基本調査をもとに分析したものでは,平日にフルタイム男性雇用者が1日10時間以上働く割合は,1976年には17％であったのに対し30年後の2006年には43％と,平日の労働時間が大きく増加していることが指摘されている (黒田 2010：8)。先の図6-2でみたように全体的にみれば1990年以降労働時間は減少しているようにみえるが,土日を除いた平

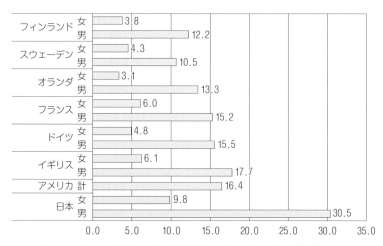

図6-4 週49時間以上の長時間労働者の割合（全産業・就業者）2013
資料出所：日本：総務省（2014.1）「労働力調査」
　　　　　その他：ILOSTAT Database（http://www.ilo.org/ilostat/）2015年1月現在
出典：2015「データブック国際労働比較2015」JILPTをもとに筆者が作成。

日はむしろ労働時間が長くなっており，週休2日制の広まりが，平日の労働時間をさらに長くしているものと考えられる。つまり，男性フルタイム雇用者にかぎってみれば，日々の生活のWLBをとりにくくなっており，仕事と家庭生活の両立どころか，ますます仕事にコミットする生活を強いられていると推察される。

② 男性の子育て世代の労働時間

　いまひとつ年齢別に男性の労働時間がどのようになっているのかをみてみよう。労働力調査から，週労働時間が60時間以上というかなりの長時間労働に携わっている人の割合を年齢別に示したものが図6-5である（内閣府 2015）。これからわかるように，30歳代の率が最も高く，2014（平成26）年では約17％が60時間以上の労働時間となっている。この年代は就学前の子どもがいる場合が多く，家庭で費やす時間のニーズが最も高い年齢層である。子育て真っ只中のライフステージにある男性が長時間労働者となっており，家庭と仕事のバラン

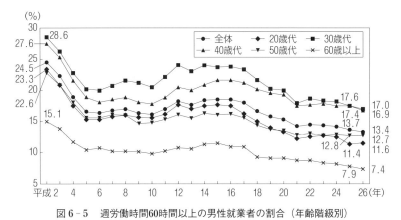

図 6-5　週労働時間60時間以上の男性就業者の割合（年齢階級別）

（備考）
1．総務省「労働力調査（基本集計）」より作成。
2．数値は，非農林業就業者（休業者を除く）総数に占める割合
3．平成23年の割合は，岩手県，宮城県及び福島県を除く全国の結果
（出所）　内閣府（2015）「男女共同参画白書」

スをとることは，これからみても困難であることがわかる。

③ フルタイム労働者の個人時間

　本項では有償時間をみてきたが，フルタイム労働者の睡眠時間などの個人時間についてもみておきたい。黒田は，社会生活基本調査を用いて，「個人時間」[2)]
の推移を分析している（黒田 2012）。[3)]

　分析対象となっているのは，1週間に35時間以上就業している23-64歳までのフルタイム雇用者である。1976年から2006年までの過去30年間に「個人時間」はどのような変化を遂げているかをみると，男性では週当たり5時間弱減少しているという。平日一日当たりは1時間程度の減少である。他方，女性に関しては，週当たりはほとんど変化がみられないが，平日一日当たりは若干減少しているという。[4)]

　このように1970年以降，フルタイムで働く男女とも，「個人時間」は減少傾向にあり，特にフルタイムで働く男性の平日の個人時間の減少が著しく，家庭での時間どころか，睡眠などの生理的時間や余暇時間も削減され，心身ともに

健康を維持することが妨げられているのではないかと危惧される。

3.2 無償労働

では次に，無償労働である家事・育児などについてみてみよう。「平成23年社会生活基本調査」によれば，6歳未満児のいる世帯について1日の家事・育児関連時間をみると，夫は1時間7分（うち育児時間は39分）である。一方，妻は7時間41分（うち育児時間は3時間22分）となっていて，女性に比べ男性の家事・育児関連時間が極端に短くなっている。就学前の子どもがいるステージであるため，育児や家事の要求量が最も大きい時期であるが，このステージの男性は，先にみたように長時間労働に従事している可能性が高く，無償労働時間の大きなジェンダー・ギャップをもたらしている。

さらに，共働き世帯と妻が無業の世帯にわけて，夫，妻それぞれの週全体の1日平均の家事関連時間をみたものが，図6-6である（内閣府 2014a）。ここで注目したいのは，夫の家事・育児関連時間は，妻が有業・無業にかかわらず変化がみられないことである。妻も有償労働をしているのなら，夫の家事関連

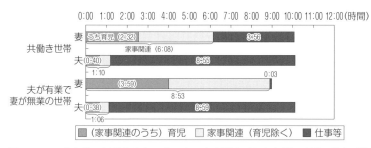

図6-6　6歳未満の子どもをもつ妻・夫の家事関連（うち育児）時間，仕事時間（週全体）

（備考）
1．総務省「平成23年社会生活基本調査」より作成。
2．数値は夫婦と子どもの世帯における6歳未満の子どもを持つ妻・夫の1日当たりの家事関連（うち育児）時間と仕事等時間（週全体）。
　※家事関連時間…「家事」，「介護・看護」，「育児」，「買い物」の合計時間。
　　仕事等時間…「仕事」，「学業」，「通勤・通学」の合計時間。
（出所）内閣府（2014）「仕事と生活の調和（ワーク・ライフ・バランス）レポート2014」

の労働が増えるというのが常識的な見方だろう。しかし，夫の家事・育児関連時間はいずれの場合も1日約70分程度となっていて差がみられない。しかも，そのうち約40分は育児関連のことで，家事は育児よりもさらに短くなっている。

また，このグラフは，平日と休日を交えた平均時間であるということに注意を払う必要がある。前節でみたように特にフルタイムで就労する父親の平日の労働時間は長くなっており，在宅時間そのものが短く，したがって，父親は土日といった休日に「子どもと遊ぶ」育児をすることが多く，男性の育児の内容は「遊ぶ」が中心となっている[5]。

他方，育児以外の家事については合計でも30分程度と極めて短く，特に平日は家事を担う時間が短いことが察せられる。妻は家事関連の時間が共働きで一日平均約6時間，無業の妻で約9時間といずれも長時間となっている。女性の有償労働時間は男性に比べれば短いものの，諸外国との比較では決して短くないことは先に指摘した。職業の有無にかかわらず夫の家事関連時間が変わらないという状況は，有業の妻の仕事と家事・育児のきびしい二重負担を作り出す。

ところで，1980年代にアメリカの共働き女性の就労と家事の二重負担の現実を，アーリー・ホックシールド（Arlie R. Hochchild）がインタビュー調査から詳細に検証し，家庭での仕事を「セカンド・シフト」と名付けた。現在の日本において，女性が有償労働と無償労働としての「セカンド・シフト」の二重労働を担っている状況は，その当時のアメリカと同様に変わることなく続いている（Hochchild 1989=1990）。

これまでみてきたように，男性は「稼ぎ主」の役割を果たすために長時間労働が課せられ，家事関連時間が少なくなっている。このような日本の状況は，世界の国々と比較するとどのように位置づけられるだろうか。前項のグラフと同様に，6歳未満の子どもをもつ男性の家事関連時間を，欧米先進国6カ国と比較をしたものが図6-7である。このグラフによれば欧米で家事・育児関連時間の合計が最も長いのはスウェーデンで3時間21分，最も短いのがフランスで2時間30分である（内閣府 2015）。日本はフランスに比べても半分以下で，家事関連の合計時間が極端に短いのが日本の現状である。育児時間に関しては最も少ないフランスと比べるとほぼ同じ程度であり，つまり，このことは日本

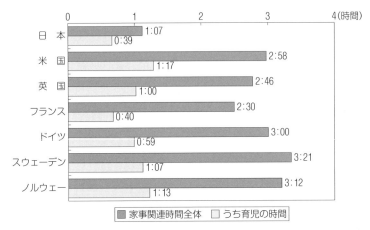

図6-7　6歳未満の子どもをもつ夫の家事・育児関連時間（1日当たり，国際比較）

（備考）
1．Eurostat "How Europeans Spend Their Time Everyday Life of Women and Men"（2004），Bureau of Labor Statistics of the U. S. "American Time Use Survey"（2013）及び総務省「社会生活基本調査」（平成23年）より作成。
2．日本の数値は，「夫婦と子供の世帯」に限定した夫の1日当たりの「家事」，「介護・看護」，「育児」及び「買い物」の合計時間（週全体）である。
（出所）　内閣府（2015）「男女共同参画白書（平成27年版）」

の夫の家事時間がいかに少ないかを示すものとなっている。

4　生活時間と母親・父親の子育て

生活時間が女性と男性でどのような配分になっているのかをみてきた。現在の日本は他の先進国に比べてジェンダー・ギャップが大きく，さまざまな問題を示しているが，ここでは就学前児の「子育て」において，母親や父親が抱える問題を，生活時間との関連でみてみよう。

4.1　母親の育児不安・育児ストレス

ライフステージ上，女性が家事・育児という無償労働に大きく携わるのは育

児期である。日本の女性の年齢別就労率はM字型を示しており，30歳代の育児期に就労率が下がる傾向は今なお続いている。特に子どもが生まれてから3歳くらいまでが，母親の役割を遂行するため，就労せずに専業母親となる場合が多い。3歳までは家庭で保育をするのが望ましいという「三歳児神話」が今なお多くの人々に影響を与えているからである。日本では基本的に母親が中心となって子育てをする社会規範や社会制度が構築されてきており，無償労働だけに従事している女性の存在を除外してWLBを考えるわけにはいかない。望まなくして出産退職し，「ワーク」の時間をゼロにしている女性も潜在的に多くみられる。女性の就業希望者数は2013（平成25）年に315万人存在し，そのうち育児が就業の支障になっている人は105万人いるとされている（内閣府2014b）。

　多くの女性が無償労働だけに従事するライフスタイルは昔からみられたものではなく，特に高度経済成長期に雇用者世帯が激増し，「男は仕事，女は家事・育児」という性別分業が一般的なスタイルとして定着してきた中で構築されてきた。近代産業社会になるまでは，多くの女性は家業である生産労働に従事してきたが，高度経済成長期に家事・育児という再生産（無償）労働専業の担い手として一般化していった。同時に核家族化も進行し，母と子だけが孤立して生活するという「母子カプセル」の状態が現れてきた。

　このような女性のライフスタイルの変化に伴って，1980年頃から母親のネガティブな行動や心理状態が取り上げられるようになった。育児に不安やストレスをもつ母親に対して，当初は「ダメな母親」というレッテルが貼られ，母親に対する批判が強かった。しかし，これらの現象は育児の支援体制の社会構造的な問題から生じているものとして，母親たちの状況に「育児不安」という名を与え，社会問題化されてきた（牧野 1982)[6]。1960年代から核家族化，女性の専業主婦化が進行していたが，なお親族関係をはじめとする母親の社会的ネットワークが育児のサポート源として機能していたために，このような問題は現れにくかった（落合 2004）。しかし，親族関係の希薄化，地域社会の変化と相まって，1980年代から育児不安が顕在化してきた。

　そして育児不安や育児ストレスが強く現れる傾向にあるのは，専業母親であ

ることが多くの研究で指摘されてきた（中谷 2008）。つまり，親族や地域のサポートを得られず，そのうえ，フルタイム長時間労働で働く夫のサポートを得られない状況が専業母親の孤独な状況を生み出してきた。特に夫のサポートが母親のストレス軽減に大きく影響すると指摘されており（牧野 1988），夫の労働時間が長い場合は母子カプセルの中で家事・育児を行う可能性が高く，それが育児ストレスなどへと連動していくものと考えられる。

　図6-8は，6歳未満の子ども一人をもつ既婚女性の夫の帰宅時間を，女性の就業別にみたものである。夫の帰宅時間は無職女性の場合が最も遅く，4割以上が9時以降の帰宅となっている。無職女性は保育所などの公的支援を受けにくい状況にあり，夫の遅い帰宅時間は，母親にとって大きなサポート源の喪失となっているだろう。

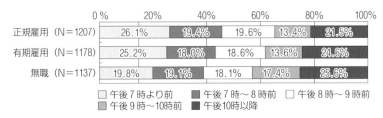

図6-8　配偶者の帰宅時刻―女性の就業形態別―（子ども1人の女性）
（注）　対象者は25歳以上40歳未満の有配偶女性で，そのうち子どもがいる人については末子年齢6歳未満のケースが対象。2013年調査。
（出所）　高見（2014：119）。

　また，乳幼児をもつ女性が「ひとりでいる時間」「子どもと離れる時間」をもたないことが育児ストレスにつながることも指摘されている（中谷 2008）。つまり，女性が家事・育児という無償労働のみに従事することと，男性の長時間労働はセットになっており，しかも女性の長い無償労働時間は女性個人の時間も奪うことになる。しかし，この時期に女性が就労を続けることは選択肢としてはあっても，現実に子育てと就労を両立するだけの資源やサポートを得るのが難しく，したがってこの時期に望まなくして専業母親となることも多いのである。

4.2　育児から排除される父親

　他方，男性についてみれば，女性とは逆に「男は仕事」という有償労働に特化し，経済的に家族を養う役割を全面的に担うこととなった。家族を養うために「稼ぐ」役割は，男性自身にかなり深く内面化されていることが様々な調査から明らかにされている。たとえば，図6-9は男性既婚者を年齢別に「（結婚したら）家族を養い守るのは，自分の責任である」という意識についてたずねた結果であるが，年代にかかわらず肯定的な回答が約8割に上っている（内閣府 2012）。

	とてもそう思う	ややそう思う	どちらともいえない	あまりそう思わない	そう思わない
20歳代 (n=240)	38.8	42.5	15.4	3.3	0.0
30歳代 (n=420)	30.7	44.0	20.2	3.1	1.9
40歳代 (n=420)	36.0	43.1	17.6	2.9	0.5
50歳代 (n=480)	32.3	46.7	18.1	2.1	0.2
60歳代 (n=480)	40.4	41.5	14.4	0.9	1.7
合計 (n=2,040)	35.4	43.7	17.3	2.7	0.9

図6-9　「（結婚したら）家族を養い守るのは，自分の責任である」（男性既婚者）
（注）　調査は2013-2014年実施。
（出所）　内閣府「「男性にとっての男女共同参画」に関する意識調査」（平成24年）。

　このように男性が稼得責任を強く抱いている一方で，「育メン」という言葉が広く受け入れられており，男性が育児をすることについては男性自身や社会の側から積極的に語られるようになってきた。特に育児期にある男性は，子どもとかかわりたいという意識が強くなる傾向にある。ベネッセ教育総合研究所の調査によれば，「家事・育児に今まで以上に関わりたい」と思う父親は2014年調査では58.2％と，2009年調査から10.3ポイントも増加したとされている（ベネッセ教育総合研究所 2015）[7]。就学前の子どもをもつ父親に対して行われたインタビュー調査からも，「子どもともっと遊びたい」「育児は遊んでいる感じ……」といった，育児をレジャー感覚で捉えるような語りが多くみられ，父親の「遊び」を中心とした積極的な育児行動がみられるようになった（斧出 2008）。

　また，育児休業を取得したいという父親も少なくなく，それに対する意識と

実態を種々の統計から算出したものをみると，1年間に子どもが生まれる男性が約100万人とすると，育休を取得したい男性が約30万人，そのうち育休を取得した男性が約2万人，3カ月以上育休を取得した男性が1,000人とされている（渥美 2013）。実際に育児休業を取得できた父親はほんのわずかであるが，3割の父親が育児休業に積極的な態度を示していることは大きな変化として捉えることができるだろう。

　しかし先にみたように，実際の家事・育児時間は非常に短い。この意識と実態のギャップはどこから生じているのだろうか。その大きな要因の一つとして考えられるのが，職場文化や職場風土である。たとえば，内閣府の調査で男女雇用者に「残業している人」のイメージをたずねた調査がある（内閣府 2014c）。「残業している人」のイメージを，同僚の場合にいだくイメージと，上司の立場に立って想定したイメージをたずねた結果，ともに最も多かった回答が，「がんばっている人」であり，残業を肯定的にとらえている人が多かった（同僚：40.4％，上司：41.6％[8]）。定時退社しにくく，家庭よりも仕事を優先する雰囲気が職場に根強く存在している様子がうかがえ，育児のために自分の時間を確保することが容易でないことがわかる。

　育児や家事の時間がとれないことは，子どもとの関係にも及んでいく。子どもと日ごろの接触が少ないために，子どもとの関係づくりに不安を抱き，「育児疎外感」が生じたり，育児意欲が低下するなど，男性は育児の負のサイクルに入っていくことも指摘されている（冬木 2008）。

5　ワーク・ライフ・バランス実現への道程

　ワーク・ライフ・バランスを実現させていくことは，今や社会の課題となっていることは1節で述べた。しかし，女性も男性も生活時間からWLBをみると，性別分業という大きな枠組みの中で困難な状況と向き合っている。どのようにすればジェンダーにかかわらずWLBを実現し，個々のウェルビーイングが達成されるのだろうか。このような困難な状況をもたらしている社会的枠組みと，それを越えていくためには何が必要なのかを考えよう。

第6章　ジェンダーとワーク・ライフ・バランス

5.1　経済・社会構造の再構築

「男性は仕事，女性は家事・育児」という性別分業は，近代社会において新たに現れた「近代家族」の大きな特徴である（落合 2004：103-104[9)]）。そして戦後の日本社会における労働のあり方は，性別分業を基軸として構築され，男性は経済的扶養者，女性は経済的依存者として位置付けられてきた。

山田は日本の戦後社会において，女性労働は女性が属する家族に包摂されていることを前提とした「女性労働の家族依存モデル」が構築されてきたとしている。戦後から1990年ごろまでは女性のライフコースが予測可能で，大部分の女性が結婚し，離婚しないという前提であった。男性に関しては大部分が正規雇用者か，保護された自営業者だったので，ほとんどの女性が父あるいは夫の収入に依存して生活することが可能だった。つまり，このモデルでは，女性が自分で経済的自立を果たすということが想定されず，既婚女性の場合は正社員か自営業の夫の収入で生活を維持し，女性の労働は補助的なものであった。女性の包摂先として，未婚時は親，結婚後は夫が想定されていたのである（山田 2015）。このことは男性中心の年功序列賃金制や終身雇用制，女性の低賃金労働のベースとなってきた。

ところが経済が脱工業化していくことで，女性が家族に包摂される前提としての経済的基盤が揺らいできた。しかし，戦後構築してきたモデルから，なお脱却できないでいるのが現在であり，男性の長時間労働によって家族を支え，女性の家事・育児と経済の補助的役割という枠組みが生き続けている。実際には非正規化や未婚化が生じ，女性を包摂できる男性は少なくなってきており，その結果，これまで以上に女性の貧困が生じている。

そこで，脱工業化社会における新たなシステムを求めることが必要となってくるが，社会に適合的なシステムとはどのようなものだろうか。ナンシー・フレイザー（Nancy Fraser）は脱工業化社会においてジェンダー公平という視点から，福祉国家の3つのオールタナティブ，「総稼ぎ主モデル」「ケア提供者対等モデル」「総ケア提供者モデル」を提示している（Fraser 1997=2003）。そのうちフレイザーが提唱する「総ケア提供者モデル」に注目してみよう。それは，あらゆる男女は家族のための無償労働と，有償労働が責務とされ，その両立が

可能であるように労働時間の短縮，同一労働同一賃金，保育所をはじめとするサービスの提供などの社会保障を享受できるように，雇用条件やその他の制度を整備するというものである。ケア，つまり家事・育児をジェンダーにかかわらずすべての人の責任とするためには，まずジェンダーに公平な就労システムの構築が求められるのである。

5.2　ジェンダー・アイデンティティ

「女性労働の家族依存モデル」が機能してきた背景には，女性の愛情と家族責任（再生産）を結ぶイデオロギーが大きな役割を果たしてきた。山田によれば，家事労働を「愛情表現」として意味づけるイデオロギーがはたらき，家族責任を女性が負担すること（無償労働）に対して不満を生じさせるどころか，女性に情緒的満足をもたらすとされている。家事・育児という負担を自ら引き受け，家族に尽くすことが愛情表現とみなされるのである。子どもを自分の手で育てることが愛情のしるしであるなど，この種の多くの言説がこのイデオロギーを支えてきた（山田 1994）。

また，サラ・フェンスターメイカー・バーク（Sarah Fenstermaker Berk）は，性別役割分業体制の中では，女性にとって家事をすることは再生産労働という側面のほかに，女らしさを構築するといったジェンダー・アイデンティティを確立するものと指摘している（Ahrne & Roman 1997=2001：22-23）。このように，家事・育児の遂行＝愛情の提供者＝女らしさの獲得という構図のもと，女性の低賃金をはじめとして経済の補助的役割は，あまり疑問なく受容されてきた。

男性についても，戦後の日本社会においては，終身雇用制・年功序列制のもとで職場組織に忠誠を尽くしながら仕事中心の生活を送る「サラリーマン」モデルが，男性の「標準的」な生き方として人々の間に広く共有されてきた（多賀 2006）。近年では社会経済的変化によりその様相は揺らぎ始めているものの，なお強固にモデルが維持され，企業戦士として長時間労働に従事することに対し，積極的に異議申し立てをすることはむつかしい。また，家族を扶養するために長時間働くことは「男らしさ」とも関連しており，女性と同様，男性のジェンダー・アイデンティティと深く結びついている。

このように，性別分業に基づいた女性，男性のジェンダー・アイデンティティは WLB を阻む要因ともなっており，今後はこれらをどのように変革していくのかが課題となってくる。

5.3 WLB 達成への挑戦

実際に調和のとれた WLB が達成されれば，家庭生活においてどのような影響がみられるのだろうか。山口はパネル調査のデータをもとに，夫婦が大切にしている主要な活動の数が多いほど，夫婦の平日会話時間が長いほど，夫婦の休日共有生活時間の総計が多いほど，そして夫の育児分担割合が大きいほど，妻の夫婦関係満足度が高くなることを明らかにしている（山口 2007）[10]。つまり，平日も休日も夫との共有時間がたくさんあり，多くの会話が行われ，夫がより育児に関わることが，妻と夫の関係の良好さにつながるというものである。

このような生活は，まずは「経済的自立」「時間確保」「多様な選択」が可能な社会の構築を前提とした，労働時間の短縮や勤務の柔軟性など制度面の変革が求められるが，それだけでは可能とならないだろう。制度面とともに，個々の男女がどのような人生目標をもち，それを実現していくためにどのような実践を行っていくかという，個人の変革も必要不可欠である。たとえば前節でみてきた育児期のステージにある男女が，その時期に何を優先し，それに向けて自分のもてる資源をいかに用いて挑戦するかということも，大きな課題となるだろう。数は少ないものの，個別に挑戦する男性も現れてきている（斧出 2008）[11]。

ワーク・ライフ・バランスの実現は，一人ひとりの生活と意思が尊重され，ジェンダー平等の社会を作り上げていくための，ひとつの方策である。今後は，個人・社会全体双方ともが，主体的にこの課題に取り組んでいくことを期待しよう。

注
1) 男女共同参画社会推進法では，男女共同参画社会の形成を「男女が，社会の対等な構成員として，自らの意思によって社会のあらゆる分野における活動に参画す

る機会が確保され,もって男女が均等に政治的,経済的,社会的及び文化的利益を享受することができ,かつ,共に責任を担うべき社会」(第2条)と定義づけている

2) 社会生活基本調査は5年ごとに行われ,一日24時間をどのように使っているのかを調べるものである。そこでは,活動の種類を大きく3つのカテゴリーに分けている。生理的に必要な1次活動(睡眠,食事など),仕事・家事など社会生活を営む上で義務的な性格の強い2次活動,つまり有償労働と無償労働(掃除・炊事・洗濯などの家事や育児・介護などのケア)と言い換えることができる。そしてこれら以外の各人が自由に使える時間における活動,余暇といったものが3次活動に分けられている。

3) 黒田は,「睡眠」「身の回りの用事」「食事」「学業」「買い物」「移動(通勤・通学を除く)」「テレビ・ラジオ・新聞・雑誌」「休養・くつろぎ」「学習・研究(学業以外)」「趣味・娯楽」「スポーツ」「社会的活動」「交際・付き合い」「受診・療養」「その他」の総計を余暇時間としている(黒田 2012)。余暇時間を3次活動と理解されることを避けるために,ここでは「個人時間」と表記した。

4) 黒田は,これらの生理的・余暇時間は男性,女性一様に変化が生じていないことを明らかにしている。男性では週当たりの時間も平日一日当たりの時間も,教育年数が長いほど短く,教育年数が長い男性が全体の時間を押し下げている。他方,女性についても同様に,教育年数が長い女性の週当たりの時間,平日一日当たりの時間ともに短くなっており,教育年数が短い女性の時間を打ち消すかたちとなっている(黒田 2012)。

5) 平成23年度社会生活基本調査では,6歳未満の子どもをもつ夫全体の育児時間の平均は45分であるが,そのうち25分が子どもとの遊びの時間であり,身体の世話や監督は11分にすぎない。これに対して妻は育児時間のうち最も長いのが身体の世話や監督の99分となっており,夫の9倍の数値となっている(総務省統計局 2011)。

6) 牧野は,「子育てに関する漠然とした不安が蓄積され持続している状態を育児不安」と定義づけている。育児不安は,疲労感や気力の低下,イライラの感情,育児意欲の低下などを含めた心理状態をさしている(牧野 1982)。

7) ベネッセ教育総合研究所が0歳から6歳(就学前)の乳幼児を持つ父親2,645名を対象に2014年に行った,「第3回乳幼児の父親についての調査」の結果。

8) 内閣府が2013年に全国の被雇用者(正社員・非正社員,従業員規模30人以上の企業)の20歳〜59歳の男女を対象に,インターネットを用いた調査結果(内閣府 2014c:50)。非正社員は週労働時間が30時間以上の労働者を含んでいる。

9) 落合は近代家族の特徴を家内領域と公共領域との分離,家族成員相互の強い情緒的関係,子ども中心主義,男は公共領域・女は家内領域という性別分業,家族の

集団性の強化,社交の衰退とプライバシーの成立,非親族の排除,核家族の8つをあげている(落合 2004)。
10) 1993年から行われている家計経済研究所のパネル調査を用い,1993年に24-34歳の有配偶女性1,000人,1997年に24〜27歳有配偶の女性117人,計1,117人を対象として分析している。ここで用いられている夫婦の共有主要活動数とは,休日の「くつろぎ」「家事・育児」「趣味・娯楽・スポーツ」,平日の「食事」「くつろぎ」の5活動それぞれについて,夫と過ごす大切な時間であると回答した数の合計をしている(山口 2007)。
11) 斧出は,父親がもつ人生目標・価値観・自己認識をもとに,所有する財や資源をいかに用いて WLB を実践するかをインタビュー調査をもとに明らかにしている。WLB を達成するためには個人の能力によって達成されうる側面が大きいことを指摘している(斧出 2011)。

参考文献

渥美由喜(2013)「男性の育休取得が激減・・背景に『パタハラ』」日本経済新聞電子版 2013/8/5.
OECD(2015a) Data extracted on 02 Oct 2015 08:16 UTC(GMT)from OECD.Stat
OECD(2015b)対日審査報告書結果
　　http://www.oecd.org/eco/surveys/Japan-flyer-Japanese-version.pdf
落合恵美子(2004)『21世紀家族へ　第3版』有斐閣,103-104
斧出節子(2008)「なぜ父親は育児をするのか」大和礼子・斧出節子・木脇奈智子編『男の育児・女の育児』昭和堂,91-114.
斧出節子(2011)「未就学児をもつ共働き父親のワーク・ファミリー・バランスの実践——A. センのケイパビリティ・アプローチによる分析の試み」京都華頂大学・華頂短期大学研究紀要,56:1-15.
黒田祥子(2010)「日本人の労働時間—時短政策導入前とその20年後の比較を中心に」経済産業研究所　RIETI Policy Discussion Paper Series 10-P-002
黒田祥子(2012)「日本人の余暇時間—長期的な視点から」『日本労働研究雑誌』625:32-44.
厚生労働省(2008)「今後の仕事と家庭の両立支援に関する調査結果」
厚生労働省(2015)労働統計総覧
総務省統計局(2011)「平成23年　社会生活基本調査」
　　http://www.stat.go.jp/data/shakai/2011/h23kekka.htm
多賀太(2006)「企業社会と男らしさ——能力主義の台頭と男性支配体制の再編」『男

らしさの社会学』世界思想社.
高見具広(2014)「育児期における女性の負担感と配偶者の関わり——子ども1人の女性を中心に」佐藤博樹ほか『有配偶女性の生活環境と就労,出産,子育てに関する分析～「少子化と夫婦の就労状況・生活環境に関する意識調査」の個票を用いて～』内閣府 ESRI Discussion Paper Series, 311: 110-126.
内閣府(2010)『少子化社会に関する国際意識調査報告書』: 61-63.
内閣府(2012)「『男性にとっての男女共同参画』に関する意識調査報告書」
内閣府(2014a)「仕事と生活の調和(ワーク・ライフ・バランス)レポート2014」
　　http://wwwa.cao.go.jp/wlb/government/top/hyouka/report-14/zentai.html
内閣府(2014b)「平成26年度 年次経済財政報告」: 170
　　http://www5.cao.go.jp/j-j/wp/wp-je14/index_pdf.html
内閣府(2014c)「ワーク・ライフ・バランスに関する個人・企業調査報告書」
内閣府(2015)『男女共同参画白書(平成27年版)』
永井暁子(2011)「夫婦の働き方と家族時間」内閣府経済社会総合研究所『平成22年度ワーク・ライフ・バランス社会の実現と生産性の関係に関する研究報告書』: 218-235.
中谷奈津子(2008)「子どもから離れる時間と育児不安」大和礼子・斧出節子・木脇奈智子編『男の育児・女の育児』昭和堂.
冬木春子(2008)「父親のストレス」大和礼子・斧出節子・木脇奈智子編『男の育児・女の育児』昭和堂.
ベネッセ教育総合研究所(2015)「第3回乳幼児の父親についての調査速報版」
　　http://berd.benesse.jp/up_images/research/Father_03-ALL1.pdf
牧野カツコ(1982)「乳幼児をもつ母親の生活と育児不安」『家庭教育研究所紀要』3: 35-56.
牧野カツコ(1988)「〈育児不安〉概念とその影響要因についての再検討」の検討」『家庭教育研究所紀要』10.
山口一男(2007)「夫婦関係満足度とワーク・ライフ・バランス」『季刊家計経済研究』73: 50-60.
山田昌弘(1994)『近代家族のゆくえ——家族と愛情のパラドックス』新曜社.
山田昌弘(2015)「女性労働の家族依存モデルの限界」小杉礼子・宮本みち子編『下層化する女性たち——労働と家庭からの排除と貧困』勁草書房,23-44.
労働政策研究・研修機構(JILPT)(2015)『データブック国際労働比較2015』
Ahrne, G. & Roman, C. (1997) *Hemmet, barnen och makten : Förhandlingar am arbete och pengari familjer,* Rapport till Utredningen om fördelningen av ekonomisk makt och ekonomiska resurser mellan kvinnor och män, SOU:

第6章　ジェンダーとワーク・ライフ・バランス

139（＝2001，日本スウェーデン家族比較研究会・友子ハンソン訳『家族に潜む権力──スウェーデン平等社会の理想と現実』青木書店．）

Fraser, N.（1997）"After the family wage," *Justice Interruptus : Critical Reflections on the "Postsocialist" Condition*, New York and London: Routledge, 41-66（=2003, 仲正昌樹監訳「家族賃金の後に」『中断された正義──「ポスト社会主義的」条件をめぐる批判的省察』お茶の書房, 63-103．）

Hochschild, Arlie（1989）*The Second Shift-Working Parents and the Revolution at Home*, New York（＝1990, 田中和子訳『セカンド・シフト──第二の勤務アメリカ共働き革命のいま』朝日新聞社．）

（斧出節子）

コラム6

地域活動とジェンダー

　「意識改革」とはよく使われる言葉であるが，人の意識は一朝一夕に変えられるものではない。地道な教育と実践，そして現実との闘い。その繰り返しが何世代にもわたって連なり，少しずつ変わっていけるものだと思う。

　私たちの国では，「男は仕事，女は家庭」という伝統的な価値観に裏付けされた「男らしさ」「女らしさ」の規範が強固に存在し，それに基づいた国の在り方を「美しさ」とすらする向きもある。しかし一方で，社会の実情はライフスタイルの多様化により家族規模の縮小，少子高齢化，人口減少などが進み，従来の意識やあり方では立ち行かなくなっている。このことは，私たちの暮らす最も身近な地域社会においても顕著に表れ始めている。地域に暮らし，住民の自治，福祉，教育の活動に携わっていても，ひしひしと感じることだ。

　たとえば私の暮らす地域の自治は，従来，「らしさ」の伝統に基づいて，発言や決定権をもつ役職は男性，日常の諸活動や雑用などは女性という役割分担が行われてきた。「女は家庭」で時間的拘束がないからと便宜上行われてきた部分はあるにしても，このことはいつしか役職は男性でなければダメ，女性は指示されたことだけやっていればいいという風に形式化され継承されてきた。そして，子どもが通う学校のPTAにも全く同じ「しきたり」と継承があったのだ。

　そこで，根拠なき役割分担を解消し，住民や保護者一人一人が自治や教育に責任を持ち，主体的に参画できる組織と活動づくりに取り組んだ。なぜなら，「しきたり」に強く疑問を抱いたこともあったが，単身世帯や共働き世帯が増加する中，将来必ず組織や活動が維持できなくなると強く感じたからだ。しかし，その実行の過程では，さまざまなハレーションが起き困難を極めた。皆，現実をみれば必要とわかっていても，長年培ってきた「らしさ」の意識を取り払えないのである。

　そして今現在，「男は仕事」であったために，地域や人との繋がりを持たない男性独居高齢者の支援，「女は家庭」であったために，社会と繋がる方法を知らない母子世帯の支援が地域活動の中で最も重要な課題となっている。

　ジェンダー教育の定着が急がれる。そして，男女の前に人として幸福である社会にしたいものだ。

（久保田真由美）

第7章

ジェンダーとメディア

　私たちが日常に接しているメディアの発信する情報には，多くのジェンダー表現がみられる。この章では，メッセージのもつ意味や，男女の記号に付与された意味について考え，さらに，雑誌，広告，テレビといったメディアを通して，男性と女性がどのように描かれているのか，なぜ，そのように描かれるのかについて考えていく。そして，男女共同参画社会創りにおいて，メディアが果たす役割と影響の大きさを踏まえ，メディアが映し出すジェンダー表象のメッセージにセンシティブになること，隠れた意味に気づき，それらを解読する力を養うことの重要性を考えていく。

1 メディアと記号

1.1　記号と意味

　私たちは，たとえ同時に同じ体験をしたとしても全く同じ感情をもつことはない。私たちが別々の個体である以上，同じ体験に対しても完全に同じ感情にはならない。ゆえに，私たちは，自分の感情と全く同じ感情を，そっくりそのまま相手に移す手段をもたない。つまり，一人の人間に起こった現実を他の人間の現実とすることは不可能だということである。それゆえ，私たちはできるだけその感情に近い感情を相手に伝えるために，伝えやすい何かに置き換えなければならない。それが記号であり，その代表が言語であるといえよう。

　人間のコミュニケーションを考える際に，重要となる要素が，記号，対象，意味の3つである。記号を組み立てて意味が作られ，対象はそのものを表す。

もちろん、人間のコミュニケーションは、対象が常に具体物ではなくても成立する。「愛」や「平和」のような抽象的なことばは、その意味から対象を想定し、コミュニケーションを成立させている。これは、その意味をお互いが共有しているからである。ただし、その意味付けの仕方は社会が決めている。漢字を使ってコミュニケーションできるということは、この漢字をどのように読むか、どのようなものを表すか、それを使う社会によってあらかじめ取り決めがなされているというわけだ。このように、記号、対象、意味はお互いに離れられないつながりをもっているのである。
　記号の解読は、社会がどのように意味付けしているかに大きく依存する。意味論においては、意味は、社会・文化、時間によって変化しにくいデノテーション（denotation）と、社会・文化、時間などによって変化しやすいコノテーション（connotation）に大別され、言語学においては、言語的意味と社会文化的意味という言い方もなされる。大まかには前者を明示的意味、後者を暗示的意味と捉えることができる。
　たとえば、入れ墨（tattoo）のデノテーションは、皮膚に傷をつけ、その傷に染料を入れて着色し、文字、文様、絵柄などを描くことである。これは、文化によって、文字やデザインや色が違っていたとしても変わらない。しかし、コノテーションは、文化や時代（時間）によっても異なる。たとえば、日本の社会において入れ墨は社会のアウトサイダーの要素をもつが、世界各地においては、成人儀礼、装飾、呪術などさまざまな意味をもつ。また、近年は、日本においても、ファッションの一部として、直ちに社会のアウトサイダーというレッテルとはいえないワンポイントの小さな動植物のモチーフや文字などのタトゥーも見られる。従来のタトゥーを彫る行為のハードルを下げ、その意味を少しずつ変化させてきている。
　このように、一つの記号に対する意味は、社会がその意味を付与しているのであるが、コノテーションは変化するものであり、ジェンダーに関わる問題を考えるとき、その記号に社会がどのように意味を付与し、また、変化させてきているかに注目することは重要である。

1.2 男女という記号

　「男」「女」という記号について考えてみよう。「男性」「女性」という記号に対するデノテーションは，動物でいうところの「オス」「メス」ということになる。しかし，私たちが「男性は…」「女性は…」というとき，それは，単なる動物としての「オス」や「メス」ではない。それは，「男性」「女性」という記号に，社会が付与した意味を理解したうえで，やりとりをしているのである。

　では，「男性」「女性」について，社会が付与した意味とはどのようなものか。BSRI（Bem Sex Role Inventory Test）日本語版による男性性スケール20項目の中には，「独立心がある」「競争心のある」「分析的な」「リーダーとしての能力を備えている」「危険を冒すことをいとわない」「支配的な」「積極的な」等々があげられている。女性性スケール20項目の中には，「明るい」「従順な」「子ども好きな」「優しい」「人の気持ちを汲んで理解する」「忠実な」「哀れみ深い」等々があげられている。しかし，このような「男らしさ」「女らしさ」の尺度と合致する特徴を兼ね備えた現実の人間はいるのであろうか。

　現実的には，このような「男らしさ」「女らしさ」に表された多くの特徴を備え持つ人間はそうそういない。ここで重要なことは，これらは，現実の女性たちが，あるいは男性たちが，どのような特徴をもっているかに関係なく構成された「あるべき女性像」「あるべき男性像」であって，現実の女性たち男性たちの経験から導かれた「事実」としての「らしさ」で構成されているものではないということである。「女らしさ」においても，現実の女性がこのような特徴を持っているということではなく，それらは理念型として「女性」を示していると考えるほうが適切である（江原 2008：23-24）。つまり，それらは，「男性」「女性」のそれぞれに，男らしい，女らしいと期待された意味を含み，規範となっているともいえる。そしてさらに，「男らしさ」「女らしさ」の規範は社会の変化に伴って変わっていく。つまり，「男性」「女性」という記号は，その社会の変化によって，「あるべき男性像」「あるべき女性像」を変化させるのである。

　しかし，「男らしさ」や「女らしさ」の理念や規範への拘束は，男女で同じには扱われない。たとえば，「料理をするのは嫌い」「子どもは好きではない」

という発言に対して，男性，女性のどちらの発言が，マイナスのイメージをもたれるであろうか。それは，メディア表現の中にもみられる。たとえば，テレビのバラエティ番組において，部屋を片づけられない芸能人の部屋を片づけに行くという企画は，ほぼ女性（ただし，タレントや芸人であるが）についてである。一方，几帳面さや過剰な潔癖症として取り沙汰されるのは男性が多い。つまり，社会によって男女の記号に付与された意味は，几帳面で，整理整頓ができていることが求められるのは女性で，細かいことにこだわらず，多少の散らかり具合に対して神経質にならないことが期待されるのが男性なのである。このように，「らしさ」は，必ず「…べき」という規範による評価を伴っているのである。それは，家庭や学校でのしつけや教育を通して内面化されてきた。そして，さらにいえば，「らしさ」の規範は，女性に対して，より縛りが強く，評価が厳しいといえる。

2　メディアの発達とジェンダー表象

2.1　雑誌の女性像

　平安時代の一部上層貴族に整えられた文筆環境が途絶えた後，近代にいたるまで，女性は文字というメディアで書かれ，語られる存在であり，主体的な書く存在ではなかった。教育を受けられなかった女性は読み手ともならなかった。男性によって書かれた女性像が男性によって読まれ，記号化された女性像が文字というチャネル（第4節参照）で再生産され，広がっていったのである（水田 2005：23-24）。日本では，1910年代（大正期）に女性雑誌や少女雑誌が増えていく。制作側にとっては，女性を消費者としても，女性を対象とする商品の広告媒体としても，それらの雑誌は重要なメディアであった。しかし，それらの雑誌は，ほとんどが男性によって制作され，既存の女性規範や女性役割を再生産する役割を果たしていたと考えられる（水田 2005：25）。

　1956（昭和31）年，経済白書が戦後終了宣言をし，高度経済成長へと突入していく中で，都市部への人口移動，核家族の増大など，人々の生活は大きく変化する。このような社会の変化の中で，1950年代後半から60年代にかけて，雑

第7章　ジェンダーとメディア

誌メディアは急成長する。『週刊新潮』『週刊明星』『週刊現代』『週刊文春』といった週刊誌が続々と登場する中で，57年に『週刊女性』，58年に『女性自身』といった女性雑誌が創刊される。なかでも1958（昭和33）年の皇太子殿下と正田美智子さん（現在の天皇・皇后両陛下）のご婚約の発表と翌年のご成婚に，メディアはミッチー・ブームを演出し，女性週刊誌はさらに勢いを増していく。『女性セブン』や『ヤングレディ』もこの頃に創刊されている。このような女性週刊誌は，家事や育児，家庭にまつわる具体的・実用的な情報を発信した。

　1970年代は，『an・an』や『non‐no』といった新しい女性雑誌が刊行され，「アンノン文化」や「アンノン族」という言葉が生まれた。井上輝子は，「アンノン文化」の特徴を，①若い女性たちを，消費の主体として位置づけたこと，②レディメイドの衣服が，ファッショナブルな購入対象となったこと，③未婚の女性に期待されていたジェンダー観から自由な女性像が提示されたことなど，をあげている（井上 2008：210）。『an・an』や『non‐no』世代の女性たちが20代後半以降になるころの，1970年代後半から80年代初めにかけて現れた『with』『MORE』『SAY』『COSMOPOLITAN』などの女性誌は，女性の新しい生き方を推進し，「自立」「キャリア・ウーマン」などを掲げ，女性の新しいライフスタイルを表現していく。一方で，『クロワッサン』『レタスクラブ』『オレンジページ』などの生活雑誌も現れる。なかでも『クロワッサン』は，自分のライフスタイルをもって颯爽と暮らしている女性たちを多数登場させることで，多様な女性の生き方を示している（井上 2008：211）。

　しかしながら，現在も女性誌の記事や広告は，「若さ」「細さ」「美しさ」を強調するメッセージで溢れている（島田 2014：183）。若くあるための関連商品として，ファッションや化粧品，美容機器など多くの情報が載せられている。細くあるためのダイエット関連の情報は，ファッション誌以外の『クロワッサン』や『オレンジページ』などの生活雑誌にも特集が組まれる。また，「可愛い」も女性誌に特徴的なワードである。年齢に関係なく，いかに可愛く見せるかの化粧方法，ファッション，振る舞いも重要な記事なのである。「細さ」「美しさ」といった成熟した女性のエレガントさと，「可愛い」に含まれた幼児性

とを同時に持ち合わせる女性像が，女性誌に表現される。大正期とは異なり，女性誌の制作に多くの女性スタッフが関わる現在，メディア制作側は，消費者をもってこのメディアに何を再生産させているのであろうか。

2.2　テレビドラマの女性と家族

　日本のテレビ放送は1953年2月に開始され，新聞，雑誌，ラジオに加えて新しいメディアが生活の中に普及し始める。1959（昭和34）年の皇太子殿下と正田美智子さん（現在の天皇・皇后両陛下）のご成婚パレードがテレビ中継されたこともあり，1959年までのテレビの世帯普及率は32.3%となった。東京オリンピックが開催された1964年までに，テレビは87.8%まで普及した。そして，1969年（アポロ月面着陸）には94.7%となり白黒テレビ普及のピークを迎える。これ以降はカラーテレビが普及し始め，1975年にはカラーテレビの普及率は90%を超える。

　1950年代から60年代は，テレビドラマの時代でもある。登場人物や舞台を固定させた一話完結型のシリーズの中で，設定や筋書きの仕掛けで笑わせるアメリカのシチュエーション・コメディ（sitcom）が放送され，『アイ・ラブ・ルーシー』（1957年），『うちのママは世界一』（1959年），『奥さまは魔女』（1966年）なども人気の番組であった。90年以降も『フルハウス』『アルフ』『愉快なシーバー一家』なども人気であった。日本のホームドラマは，厳密にはアメリカのシチュエーション・コメディとは同じではないが，一般に庶民の家庭を舞台にし，家族間の葛藤や問題などもユーモラスに描いていくドラマである。「ホームドラマ」とは和製英語で，第二次大戦前から広く用いられた言葉とされている。1920年代の映画の中にもホームドラマの先駆的作品があるとされるが，ホームドラマはその名の通り「茶の間のメディア」としてもテレビこそがふさわしく，テレビ時代に定着したものである（鶴見・粉川編 1988：474）。日本でもホームドラマが作成され，第1号は『バス通り裏』（1958，NHK）で，『ママちょっと来て』（1959，日本テレビ），『咲子さんちょっと』（1961，TBS）が続いた。

　この時期，家庭用耐久消費財の生産と普及が急速に拡大し，テレビ（白黒），電気冷蔵庫，電気洗濯機が「三種の神器」とされ，家にテレビがあることは家

族のステイタスにもなっていた。テレビのホームドラマに描かれる家族の生活スタイル，家電や食品のCMを通して，「理想の家庭像」が描かれていったのである。皇太子御夫妻の結婚生活（美智子妃殿下がエプロンをつけ台所で離乳食を作る姿など）やアメリカの幸せな家族像を放送し，女性たちにロマンティック・ラブイデオロギー，母性イデオロギー，家庭イデオロギーに合致した具体像を提供していったのである。それは，女性たちの「幸せのモデル」となった。未婚の女性たちは恋愛結婚を夢み，結婚後は家事と育児に専念する主婦たちというのが，1950年代から60年代にかけてメディアが描いた女性像である（井上 2008：214）。

70年代は，60年代から描かれた核家族を描くものが多く，80年代に入ると，雑誌メディアと同じように，ファッショナブルな新しいライフスタイルが描かれ，80年代後半は，バブル経済の影響もあり，ファッショナブルなトレンディドラマが流行する。ここでは，恋愛や従来のホームドラマには描ききれない新しい人間関係が現れる。近年，テレビドラマの中で，医師や弁護士，会社員においても管理職に女性が描かれることは多くなってきた。しかし，キャリアをもつだけではなく，同時に，エネルギッシュに子育てや家庭の仕事もこなしている姿や，仕事と家庭との両立に悩む姿が重要な女性像となる。つまり，女性が外で仕事をする場合は，仕事の能力と家事や育児の能力の両側面からの評価といったダブル・スタンダードが依然として存在し，テレビドラマを通してそのメッセージは，個々の家庭に今も発信されている。

3 広告の中のジェンダー

3.1 広告コミュニケーション

広告は，テレビ，ラジオ，新聞，雑誌といったさまざまなマスメディアに存在している。もちろん，街中の看板や交通機関の広告など，生活上のさまざまな場面において，私たちはそれらを目にしている。第一義的には，広告は企業のマーケティング活動の1つの方法であるため，制作側は，できるだけ受け手の目に留まるようにし，商品名や性能などを多くの人々に知らせ，マーケティ

ングの目的を達成させなければならない。商品が売れるか売れないかの前に，その広告のメッセージが伝わるか伝わらないかが問題となる。広告が描写する人々の生活やそれが表現されるシチュエーション，価値観といった文化的情報が，受け手の現実，あるいは価値観とかけ離れていれば，伝わらないばかりか，違和感が生じ拒否される。そうなれば，広告の目的は達成されない。もちろんそれは，制作側の経営に影響を及ぼす。また，制作側は，クライアントの意向に沿ったものを制作しなければならない。広告制作において，この２つの点が大事なポイントなのである。つまり，制作側は，この２つの点から鑑みて，広告表現がジェンダー・バイアスを含むもの，あるいはジェンダー・ステレオタイプを含むものであったとしても，それはやむを得ないと考えるであろう。しかし，このことは，広告のジェンダー表現においても重要な点である。たとえば，広告になにがしかのジェンダー表現があった場合，多くの受け手のジェンダーに関わる感覚と近ければ，それは肯定的に受け入れられることになる。

　テレビCMについて，山川は，基本的な指針としながらも，テレビCMの定型的な表現形態を「説明・推奨型」「実証型」「タレント型」「日常生活型」「ギャグ型」「イメージ型」「比較・挑戦型」に大まかに分類している（山川1994：133）。

　「説明・推奨型」とは，最もオーソドックスな手法であり，商品そのものと映像とことばによって説明するものである。「実証型」とは，商品がもつ機能，特徴といったものを実際に映像としてデモンストレーションする。あるいは統計的なデータを示すことによって商品の優位性を提示するやり方である。「タレント型」とは，有名タレントを起用することで，商品の話題性や注目度，あるいは信頼性を高めようとするものである。「日常生活型」とは，商品（あるいは企業）と人間との関係を，生活シーンの中から描き，商品を身近なものとしてアピールするものである。「ギャグ型」は，受け手を，「笑い」の世界に引き込む手法である。「イメージ型」は，商品（企業の姿）を，具体的な説明ではなく，印象的な映像や音楽などによってシンボライズさせるやり方である。「比較・挑戦型」は，同種の商品，あるいは競合する他社商品との比較によって，自社商品の優位性をアピールするもので，日本ではあまり見られない手法

第7章　ジェンダーとメディア

である。

　これ以外にも CM ソング型，シンボル型など細かく分類でき，さらに分類の要素が複数重なって作られているものもあり，CM を明確に分類することよりも，それらの形態が「同化」的なアプローチをしているか，「異化」的アプローチをしているかという点のほうに注意すべきと指摘している。

　「異化」とは，日常慣れ親しんだ連関からずらすことによって日常感覚とは疎遠なもの，見慣れぬものにすることであるが，一つ，興味深いテレビ CM がある。2008年に放送された FUJIFILM の医療画像ネットワーク技術の CM である。自宅で急患の知らせを受けた医師は，病院から送られてきた画像をすぐさま自宅で確認し診断する。そして，スタッフに，自分が病院に到着するまでの間に行う処置を指示し，医師はすぐに車で病院へ急行するという内容である。先ず映像は，医師が自宅で家族とクリスマスパーティを楽しんでいるところから始まる。そこへ病院から電話が入る。自宅に一報が入ったときに電話をとったのは夫。何かあったのかと不安そうな妻の顔。病院に急行する車を運転する夫の助手席には妻。そして車は病院に到着。緊迫した流れの中で画面は一気に手術室へと切り替わり，手術着に着替えて手術室に入ってきたのは妻のほうだった。これが，「異化」によって受け手の関心を引くことを狙ったものであれば，受け手の感覚が，「医師」＝「男性」であることを前提にしている。しかしまた，「医師」は男性でも女性でもありうるという感覚をもつ受け手には，何の違和感もなくその CM の伝えるべき医療画像ネットワーク技術のメッセージを知り得ることになる。とはいうものの，日本の社会，文化においては，この CM に異化作用となるジェンダー・ステレオタイプが存在することは否めない。

3．2　テレビ CM の女性表現

　諸橋は，さまざまなメディアのジェンダー表現について，おおむね7つの女性表現のパターンがあるという（諸橋 2002：78-79）。第一に，女性の登場比率が男性を下回っている。第二に，男性があたかも「人」一般を代表するかのような表現がある。第三に，女性は職業をもっていないことが自明とされ，性別

役割分業ステレオタイプが蔓延している。第四に，同じ職業人でも職種を性別に応じて固定化した表現がある。第五に，女性が人格をもった一人前の存在として扱われていない慣用表現がある。第六に，メディアに登場する男女の年齢分布について，女性が若年層に偏っている。第七に，女性を性的対象として取り扱う表現の多さである。

　たとえば，テレビ番組の中で，「女医」という表現に対し，「男医」という表現がされないのは，「医師」には，性別は男性であることの暗示的意味が含まれているからである。また，「美人看護師」や「美人警官」といった表現がいまだにテレビに登場する。近年，さらに「美魔女」などという表現も登場し，それはもういったい何者を指すのかわからない。しかし，テレビの中でその表現を喜ぶ女性たちや，その姿を賞賛する人々がいる。改めて，「魔女」に付与された意味を考える必要がある。また，「○○さんの奥さん」，「○○夫人」，「○○ちゃんママ」など，女性を，人格をもった一人の人間として扱わないような慣用表現も多く使用されている。

　テレビCMの中にも，多くのジェンダー表現が存在している。しかし，それらは，受け手がジェンダーにセンシティブにならない限り，商品内容のメッセージに埋もれ，あるいは巧みに隠され，受け手はごく自然にメッセージを受け入れてしまっているのである。

　CMは，放送時間帯によって，どのような内容を流していくかが異なる。その時間帯にどのような受け手が存在しているかを想定し，情報を流すことは，企業側に必要なマーケティング戦略でもある。たとえば，洗濯用洗剤や柔軟剤等，食器洗い洗剤のCMは，主婦層が多い昼間の時間帯に多く流れる。午後11時以降の遅い時間帯になると，見る者の目を引き付け，購入意欲を刺激するアイ・キャッチャーとして，商品とは関わりのない女性の身体や身体の一部を強調して映し出すようなCMが多くなる。

　ナレーションやシチュエーションについても，さまざまなジェンダー表現が見て取れる。ある食洗器用洗剤のCMは，食洗器と食器以外に，母親と幼稚園くらいの子ども，お弁当が映し出され，「○○はママのまごころと愛情のようにその日のお弁当を守りたい」とナレーションが入る。食器洗い洗剤につい

ては，登場するほとんどが女性であり，全体が映されなくても手のモデルは女性であることがほとんどである。しかし，洗剤の機能分析や機能説明を行う場合は男性が使われる。これは，洗濯用洗剤にもいえることである。

洗濯用洗剤は，おおむね，白い洗濯物，エプロンをした女性，子どもが描かれ，花や緑，陽ざしが背景となり，女性が実際に洗濯をしていたり，干していたりするものが多い。洗濯用洗剤のCMには，男性アイドルグループの一人が登場したものがあるが，ここでも洗濯そのものは妻がやっていると設定されており，毎日臭わない洗濯物に対し，夫は妻に感謝するという描かれ方である。そして，毎日の洗濯の御礼として，自分は妻の誕生日に，洗濯機の掃除をするという夫のナレーションが入る。夫が洗濯機の掃除を担当するのであれば，1年に一度といわずもっと頻繁に行ってもらいたいものである。近年，消臭洗浄力のさらなる効果をうたったジェルボール洗剤については男性が担当している。数種類あるこれらすべてのCMにおいて，彼は白衣を着ている。白衣は，CMの中での彼の役割を示すメッセージである。

家電のCMについては，冷蔵庫，洗濯機，掃除機といった家電のCMはほとんどが女性である。「エコ！　らく！　かしこい！　ママゴコロ」といったキャッチコピーにより，2010年，ママゴコロ家電なるものが登場した。現在このキャッチコピーは使われていない。

掃除機についても，登場するほとんどが女性である。吸引力を強調する掃除機のCMは，早くから男性を起用しているが，彼は，掃除はしない。彼の役割は，あくまでその性能の高さを消費者に知らしめることなのである。近年，男性アイドルグループを起用した家電CMも出てきているが，それは，男性が家事を行うことへの抵抗を少なくすることにも一役買っているといえ，その商品への関心を高めるという男性をターゲットとしている。しかし，また，非常に人気のある男性アイドルグループの起用は，家電購入の際の選択権を男性よりも多くもっていると思われる女性を意識し，企業側の二重のマーケット獲得となっていることを考えれば，それがジェンダーに配慮したCMであると単純にいうことはできない。しかし，CMによって，受け手が影響を受けることもまた事実であって，男性が，自分が家事をする道具に関心をもつ機会を増

やしているのであれば，それは十分に意味のあることである。

　洗剤や家電のCMは，やはり女性が起用されることが多く，それらは「日常生活型」「イメージ型」のCMであり，そこには性別役割分業が現れている。わずかに男性が登場するものは，「説明・推奨型」「実証型」のCMが多い。

　2007年東京野外広告コンクールで入賞した液晶テレビの野外広告は，テレビCMのヴァージョンでも映像が流れていた。風に長い黒髪をなびかせ露出の高い衣装でポーズをとる女性のモデル（俳優）が登場していたが，商品よりもそちらに視線がいく。2005年に発売の液晶テレビのCMでは，「黒がきれいなことが美しいテレビの証」というナレーションが入り，画面いっぱいに黒のセクシーな衣装を着た女性モデルが黒い長い尻尾をつけ，四つん這いになって猫のように動き，こちらを見る。商品の液晶テレビは最終カットに出てくるだけである。このように，「イメージ型」「タレント型」のCMの中にアイ・キャッチャーとして，女性の身体や身体の一部を強調して映し出すというのは，よく行われる手法でもある。

　自動車のCMでは，普通車のほとんどが男性の運転で作成されている。ときに，女性が登場する場合でも，走り去る車を見つめたり，高級車の横にただ立っていたりするスタイルのよい女性は，アイ・キャッチャーとして登場する。それに対し，「こまわり」「可愛い」を強調する軽自動車やコンパクトカーのCMは，ほぼ女性である。近年，高級車のハイブリッドカーを女性が優雅に運転するものが登場した。繰り返すが，CMの目的は，消費者が注目し，情報を得，それを購入しようと思えることであって，その効果を目指して作成される。女性が，高級車を軽自動車やコンパクトカーと並列に選択できる経済的な背景が多くあれば，また車の運転に対する女性のステレオタイプが強調されなくなれば，CMは変化する。また，洗剤や家電についても受け手が，これらの性別役割分業を提示するCMに注意深くなればCMは変化するであろう。逆に，CM作成者が，性別役割分業にとらわれないCM作成をさらに進めれば，受け手の意識は変化する。メディアの作成者側は，受け手との相互作用において，少しずつのずれを解消しつつ，ジェンダーにとらわれない社会の構築に向けたメディア表現を行うことが重要であろう。メディアが映し出す「男」「女」は，

男女共同参画社会の実現を目指すとするわが国の意識および政策として、国際社会においても、その意味を読み解かせるものであることを忘れてはならない。

3.3 子ども向け番組のテーマ

子どもたちの社会化のプロセスには、マスメディアが大きな影響を与える。そのメディアのジェンダー・バイアスについては、幼児番組や絵本に関して1980年代から指摘されてきた。雑誌やそこに掲載される作品やテレビ番組そのものが、男の子向け、女の子向けと分けられ、マスメディアの性別分化が存在している。4～5歳児は、テレビアニメ、キャラクター雑誌が中心となるが、小学生以上になると、少年マンガ、少女マンガに分けられていく。

男の子向け番組の代表は、『ウルトラマン』や『仮面ライダー』『秘密戦隊ゴレンジャー』あたりから続いている戦隊ものである。アニメは『マジンガーZ』や『ガンダム』に続くロボットアニメ、冒険アニメの『ドラゴンボール』や『ワンピース』は現在も人気である。これらに共通するテーマは、冒険、友情、才能、闘いなどである。そして、この中に登場する女の子キャラクターは、これらのストーリーにそれほど大きな影響を与えるものではない。女の子向け番組といえば、『魔法使いサリー』や『ひみつのアッコちゃん』から続く魔法少女アニメやドラマ『花より男子』となどである。これらに共通するテーマは恋愛、魔法、夢、ファッションなどである。90年代に始まった『美少女戦士セーラームーン』は、女の子向けにこれまでなかった闘いのテーマが加わったことで注目されたアニメでもある。しかし、女性戦士集団を率いるヒロインには、その強さを支えるために憧れのタキシード仮面の存在は不可欠なのである。アニメの世界は、少年少女がやがて属することになる大人社会を模擬体験させるスーパーメディアであると斎藤美奈子はいう（斎藤 2009：220）。そうであるならば、少女少年アニメに、次の社会を見据えた新たなテーマが求められているのではないだろうか。

4 メディア・リテラシー

4.1 メディア・コミュニケーション

メディア・コミュニケーションにおけるジェンダーの問題に,今後,どのように取り組んでいけばよいのだろうか。まず,大切なことは,メディアに描かれている,あるいは演出されているジェンダー・イメージは女性,あるいは男性自身にとって好ましいと思えるかどうかを,しっかりと自分で考えていくことである。そして次に,それが女性自身,男性自身にとって好ましい,望んでいるイメージだとしても,それが,どのような結果をもたらしているか,あるいはもたらすことになるのかを考えてみる必要がある（有馬 2012：263）。このように,自身の考えに注意深く向き合うことができれば,メディアにおけるジェンダーの問題のみならず,社会や文化の価値観についても深く考えることができよう。

メディア・コミュニケーションのプロセスには,必ず「送り手」「受け手」「メディア」「メッセージ」「チャネル」が含まれる（図8-1）。意図が何らかの方法で表現されたものを「メッセージ」といい,メッセージ化の手段を「チャネル」と呼ぶ。たとえば,音声というチャネルを用いても,それを乗せる道具となるメディアは電話の場合もあれば,直接語る場合もある。そして,このプロセスは必ず「社会」の中にあることを考え,「社会」と結びついていることを忘れてはならない。送り手がどのような意図をもつかにおいても,意図をコ

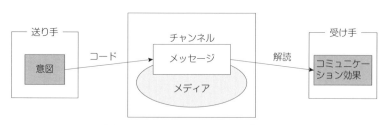

図8-1　コミュニケーション・プロセス
（出所）　兼高（1994：5）

ード化するにおいても，どのようなメディアに乗せてどのようなチャネルが使われるかにおいても，それは社会や文化の中で起こる。メッセージを解読するにおいても，受け手がどのような効果を得るかにおいてもすべて社会の中で生じることである。

このように，すべて社会全体の中でコミュニケーション・プロセスについて考えることができれば，ジェンダーに関して，なぜ，あるステレオタイプの描写がメディアにおいて優勢であり，またそれを受け手は当たり前のこととして捉えているのかなどについて考えることができる。さらに，送り手や受け手，メディアのもつ特性と自分たちを取り巻く社会について考えることが可能となる。

4.2 メディア・リテラシー教育

メディア・コミュニケーションとジェンダーの問題について考えることで，向かうべき社会の姿，そして社会のアンフェアな価値観を正面からとらえ考えることにつながる。そして，そのメディアの読み解き方への理解も，今後重要な課題となる。

そのためのメディア・リテラシーが必要になる。メディア・リテラシーとは，「メディアの作られ方に関する知識やメディアからの受け取り方についての理解や自己認識，意味を生成する情報のクリティカルな読み方，それらについての理解や知識の上に立った主体的なメディアの使いこなし能力（ここでは，情報の読み方や利用のしかた，さらには表現のしかたやメディア機器の利用のしかたまでを含む）など」のことをいう（諸橋 2009：21）。

これらのメディア・リテラシーとしての知は，メディアを自分自身で吟味し，判断する重要なツールとなる。男女共同参画社会創りにおいて，この知は必要不可欠なものであり，シチズンシップの覚醒においても重要な意味をもつ。メッセージの受け手として，送り手として，一市民として，社会的な文脈の中でメディアをクリティカルに分析することで，自分のものの見方，考え方を捉えることができる。それは，積極的に社会に参加し，また社会を変える力となるのである。

参考文献

安達圭一郎・上地安昭・浅川潔司（1985）「男性性・女性性・心理的両性性に関する研究(1)：日本版 BSRI 作成の試み」日本教育心理学会総会発表論文集，27：484-485．

有馬明恵「メディア社会を生きる女性たち」（2012）国広陽子・東京女子大学女性学研究所編『メディアとジェンダー』勁草書房，245-264．

池上嘉彦・山中桂一・唐須教光著（1983）『文化記号論への招待』有斐閣．

井上輝子（2008）「マスメディアにおけるジェンダー表象の変遷」NHK 放送文化研究所編『現代社会とメディア・家族・世代』新曜社，204-226．

江原由美子（2008）「『女』とは何か——他者としての女性」江原由美子・山田昌弘『ジェンダーの社会学入門』岩波書店，20-29．

兼高聖雄「コミュニケーションとはなにか」（1994）大田信男ほか著『コミュニケーション学入門』大修館書店，3-20．

斎藤美奈子「アニメの国」（2009）井上輝子ほか『表現とメディア』）岩波書店，206-220．

島田治子（2014）「マスメディアにおけるジェンダー表現」目白大学社会学部メディア表現学科『メディアと表現』学文社，174-185．

高井昌吏・谷本奈穂編（2009）『メディア文化を社会学する』世界思想社．

田村紀雄・林利隆編（1999）『新版ジャーナリズムを学ぶ人のために』世界思想社．

鶴見俊輔・粉川哲夫編（1988）『コミュニケーション事典』平凡社．

橋元良明（2011）『メディアと日本人』岩波新書．

ジョン・フィスク／ジョン・ハートレイ，池内六郎訳（1991）『テレビを〈読む〉』未來社．

ジョン・フィスク，伊藤守・藤田真文・常木瑛生・吉岡至・小林直毅・高橋徹訳（1996）『テレビジョン・カルチャー』梓出版社．

水田宗子（2005）「メディアのジェンダー構造と女性表現」北九州市立男女共同参画センター"ムーブ"編『ジェンダー白書3 女性とメディア』明石書店，20-43．

諸橋泰樹（2002）「メディア表現」『AERA Book ジェンダーがわかる』朝日新聞，77-79．

諸橋泰樹（2009）『メディア・リテラシーとジェンダー』現代書館．

山川浩二「広告とコミュニケーション」大田信男ほか著『コミュニケーション学入門』大修館書店，128-143．

Jhon Fiske（1982）*Introduction to Communication Studies*, Methuen & Co.

（山本桂子）

コラム7
アメリカのニュー・フェミニズム運動とメディア

　1960年代半ばから70年代半ばにアメリカ社会におきたニュー・フェミニズム運動は，女性の役割を重んじる一方で，多様な社会改革の達成のために女性参政権を求めたオールド・フェミニズム運動とは異なり，社会のあらゆる場面で差別を受けていた女性のために，社会構造そのものを変革しようとするものであった。

　一般にアメリカのニュー・フェミニズム運動は，ベティ・フリーダン（Betty Friedan）の著書 The Feminine Mystique（邦訳『新しい女性の創造』』1963年出版）が引き金となったと評され，「中流階層の白人女性の運動」という批判があるが，その後，多様な人種や階層，異なった考えをもつ多くの女性たちを行動へと促した。女性たちは，平等社会の実現のために，それまで社会規範となっていた文化的社会的につくられたジェンダーの枠組みを壊そうと，社会の中の不平等について語り始め，男性が創りあげた社会に果敢に挑戦した。そして1970年頃に女性運動は，政治的社会的に根本的な変革を迫る大きなうねりとなっていった。

　現代社会はインターネットという手段を通じて瞬時に情報を拡散させることができる。「アラブの春」と呼ばれるチュニジアでの権力体制への異議申し立て運動（ジャスミン革命）は，フェイスブックやツイッターなどへの書き込みにより，革命意識が次々と周りの国へと波及していった。しかしネット手段をもたなかった当時の女性たちは，それまでに公民権運動が展開した市民的不服従，つまりピケや座り込み，ストライキなどの示威行動を実践，それらをニュースとしてテレビやラジオ，新聞などのマスメディアを通じて世間に知らせ，その運動を大衆化した。アメリカ女性の参政権が認められた50年後の1970年8月26日，ニューヨーク市5番街での平等を求める大デモ行進は，当時のメディアの注目を一気に集めるセンセーショナルな行動であった。

　またこの運動は，先述のベティ・フリーダンの著書やグローリア・スタイネム（Gloria Steinem）が編集するフェミニスト雑誌「ミズ Ms」（1972創刊），ケイト・ミレット（Kate Millett）の「性の政治学 Sexual Politics」（1970出版）等々，書籍や雑誌などの出版物も広報の役割をおおいに果たしていた。女性たちは，その他フェミニズムをテーマとする映画や音楽，劇，テレビのトーク番組出演などあらゆる手段を講じて，この運動を拡散して，1980年代以降には，これまで男性だけの砦だったスポーツ界や聖職，建設業，法曹界，政界，宇宙空間等々，あらゆる分野へと羽ばたいていった。

（伊勢村紀久子）

コラム8 「職業」
男女平等教育に関わる実践事例

　平成25年度の厚生労働省の調査によると，労働力人口総数に占める女性の割合は42.6%を占め過去最高水準となっている。一方，採用や昇給，昇進などで男性より不利に扱われがちであり，女性の社会進出は十分に進んでいるとは言えない。
　女性の社会進出の大きな弊害として，結婚や出産による離職率の高さが上げられる＊。これは，「男は仕事，女は家事」などという固定した性的役割分担の考え方が根深く残っていることの表れであろう。そこで，「年齢階級別女性労働力率」（図1）に見られるM字カーブに着目した授業を考えた。男女共同参画社会の実現に向け具体的に行動できる生徒をめざし，このような授業実践を続けていきたい。

＊第14回出生動向基本調査（国立社会保障・人口問題研究所 2010）によると，「育児休業制度の利用は拡大するも，出産前後の就業継続割合は停滞」という調査結果が報告されている。

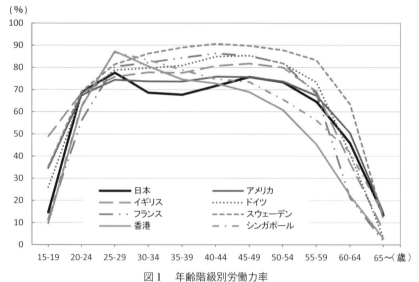

図1　年齢階級別労働力率

（出所）　独立行政法人労働政策研究・研修機構「データブック国際労働比較2014」p53
　　　　http://www.jil.go.jp/kokunai/statistics/databook/2014/02/p053_2-5.pdf

コラム「職業」

題材名:「男女共同参画社会」の実現に向けて（中学校3年社会科・公民分野）

	学 習 活 動	教師の支援と留意点
導入	○女性が活躍している職業をあげる。 ［生徒の予想される発言］ ・看護師　・保育士　・教師　・美容師　・芸能人 ・政治家←女性国会議員率9.5％（2015年）※先進国最低水準	・日本の女性の社会進出は遅れており、女性の活躍を阻む根深い要因があることを確認する。
展開	○「年齢階級別女性労働力率」のグラフから、女性の社会進出を阻む要因を考え、解決への方策を。 〈見つけたこと〉 ・日本では、20代後半～30代で落ち込み→M字カーブ ・他の国は落ち込みなし。 ・スウェーデンでは、緩やかに上昇。 ⇒〈M字カーブの要因〉 ・結婚や出産、育児で退職するのでは。 ・産休や育休が取りにくいのか。 ・少子化や未婚女性が増えていることの一因となっているでは。 ⇒〈解決への方策〉 ・育児休暇の拡大や保育所の増設など、子育て支援制度の充実。 ・男性もさらに家事や育児に協力。 ・地域ぐるみで子供を育てる。	・見つけたことを出し合わせる中で、「M字カーブの要因」や「解決への方策」を考えさせる。 ・「M字カーブの要因」を考える際に、必要に応じて、マタハラの事例を紹介する。
まとめ	○男女共同参画社会の実現に向けた国や地方公共団体の取組を知り、社会の一員として自分たちにできることを考える。	・「男女共同参画社会基本法」を確認し、国や自治体の取組を紹介する。

(伊倉　剛)

コラム9 「職業」
男女共同参画社会と女性の労働力率

　世界経済フォーラムの男女間の格差を示すジェンダーギャップ指数（GGI）においては，2015年，日本は145カ国中101位である。女性の能力を生かすことができず，男女の社会参画に大きな開きがあることを示している。年齢階級別労働力率においても，徐々に上昇しつつあるとはいうものの，30歳代を底とするM字型は相変わらず解消されていない。女性の労働参加が国家の存亡にかかわるといわれている今日でも，子どもが生まれると仕事を辞めざるを得ない女性が多くいる。

　女性の労働と少子化を結びつける間違った考えも少なくない。専業主婦を増やせば出生率が上がるという誤った考えもある。しかしながら，国際労働機関（ILO）の「女性の労働力率と出生率」の図（図1）に見られるように，女性の労働力率の高い国は出生率も高いのである。今日まで，女性の労働力率を高める施策をとってきた国は出生率をさらに高めるという結果を導き出している。少子化をくい止めようと，日本も男女共同参画に向けた施策に切り換えたとはいうものの，現状は女性が職業をもち，子育てをすることは容易ではない。女性だけではなく男性も非正規雇用の増加等により，職業をもち続けることが困難になっている。今後はジェンダーの視点を含めた科学的な分析に

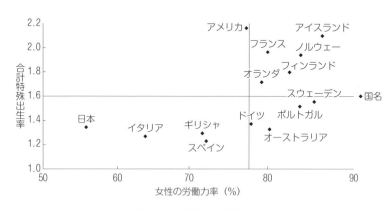

図1　女性（30〜34歳）の労働力率と出生率
（出所）　Council of Europe "Recent Demographic Developments in Europe 2001" 2002, U. S. DHHS "National Vital Statistics Report 50-5" 2002, ILO "Year book of Labor Statistics" 2001.

基づく社会創りを進めることが求められている。民主主義社会においては，それを実施するのは我々社会の成員一人ひとりであるという認識も必要である。

(西岡正子)

コラム10 「職業」
賃金格差と家庭責任

　女性が働くということは，生産力が低かった時代では当たり前のことだった。それが近代社会になり「家庭」という領域がつくられ，そこでの家事・育児・介護の役割が性別役割分業という体制のもと，女性にあてがわれてきた。年齢別労働力率がM字型カーブを描くようになったゆえんである。

　結婚・出産後の女性の就業経歴を出生動向基本調査（国立社会保障・人口問題研究所）からみると，1980年代後半に第1子を出産した女性全体の24.0％が就業を継続しているが，20年を経た2000年代後半でも26.8％とほぼ変化がない。しかし，就労を中断した後，子どもの世話がかからなくなると多くの女性はパート等で再就職する。再就職の時期は，近年の世帯収入の減少とともに早くなる傾向があり，M字型カーブの底が浅くなってきたのは，この要因も影響しているとされている。

　問題はパートなどの非正規雇用で再就職することである。厚生労働省が2014年に行った「就業形態の多様化に関する総合実態調査」によれば，雇用者に占める非正規就労の割合が初めて全体の4割を超えた。図1は男女別に，雇用者に占める正規雇用者と非正規雇用者の割合を時系列に見たものだが，2014年では男性の非正規が21.8％であるのに対して，女性は56.7％を占め，年々女性の非正規が多くなってきたことがわかる。

　ところで労働力調査によると，現在就労していない女性のうち，就労希望者の7割以上が非正規雇用を希望している（内閣府「平成25年版男女共同参画白書」）。女性が非正規で就労を希望する理由は，女性が家庭責任を果たすのが前提となっていることにある。雇う側の企業，男性（女性の配偶者）はもちろんのこと，女性自身も含め，社会全体がこれを前提としている。

　非正規雇用の大きな問題点は，賃金の低さである。図2は男女別に雇用形態と年齢によってどのように賃金が異なるのかを見たものである。非正規（正社員・正職員以外）は，男女とも年齢による賃金の上昇はなく，女性の平均で179万2千円となっている。男女の正規雇用（正社員・正職員）と比べると断然低い賃金である。しかも男性の非正規平均222万2千円と比べてもなお低くなっている。世界経済フォーラムでのジェンダー・ギャップのランキングが世界101位（2015年）という低さには，この経済的な格差が大きな要因となっている。

　女性に非正規雇用が多いというのは家庭責任を負っているからである。男女とも家庭

コラム「職業」

責任を果たせるような労働環境が実現すれば，男性の働き方も変わり，女性の働き方も変えることができるだろう。そのためには，「労働時間の短縮」や「同一労働同一賃金」の実現が今後の課題となるだろう。

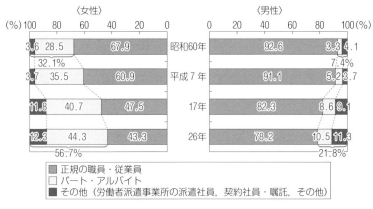

図1　雇用者の雇用形態別構成割合の推移
（出所）　内閣府「平成27年版男女共同参画白書」

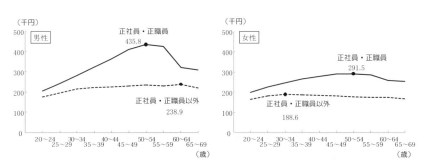

図2　雇用形態・性・年齢階級別にみた賃金
（出所）　厚生労働省「平成26年賃金構造基本統計調査の概況」

（斧出節子）

コラム11 「職業」
男女雇用機会均等法の成果と課題

　日本では1986年に男女雇用機会均等法が施行された。この法律ができるまでは，女性の35歳定年や結婚退職は当たり前であった。女性は働きたくても働き続けることができず，「職場の花」と称された実情は，男性の使い走りや補助的な仕事が主で，セクハラの被害にあってもその申し立てすらできない状況にあった。そうした状況に風穴をあけたのがこの法律である。ただし，当初の法律は，教育訓練，福利厚生，定年・解雇に関する女性差別を禁止事項としたものの，募集・採用・配置・昇進をめぐる女性差別の是正は，企業による努力義務とし，企業への罰則規定が弱いという点で「ザル法」などと批判された。

　その後，同法は，1997年（1999年施行），2006年（2007年施行），2013年（2014年施行）と度々改正が行われ，今日に至っている。特に1999年の改正では，それまでは努力義務とされてきた募集・採用・配置・昇進をめぐる男女差別を禁止事項とし，違反した場合には制裁措置を課した。また，女性の雇用を促進するために，ポジティブ・アクションを創設し，さらにセクシュアル・ハラスメントに関する規定を制定するなど，実質的な男女平等を進めるために，より踏み込んだ内容に改正された。しかし，その一方で，労働基準法の一部が改正され，「女性の深夜労働の禁止」「残業や休日労働の制限」など，いわゆる女子保護規定が撤廃された。これによって，職場における男女平等とは，男性を基準とした働き方であるということが明確になった。そもそも，男性の長時間労働は家庭役割を担う主婦の存在が前提となった働き方であり，女性が家庭責任を引き受けながら，男性なみに働くことは不可能である。

　一方，1999年には，男女共同参画社会基本法が施行され，「少子高齢化の進展や社会経済情勢の急速な変化に対応していく上で，男女が，互いにその人権を尊重しつつ責任も分かち合い，性別にかかわりなく，その個性と能力を十分に発揮することができる男女共同参画社会の実現が重要である」ことが明文化された。この法律が謳っているように，男女が職場，家庭，地域においてそれぞれの潜在能力を発揮できるようにするためには，男性の働き方そのものを見直していくことが不可欠である。すなわち，男女共同参画社会の実現は，雇用の場における男女平等だけでは達成されず，男性の家庭領域，地域領域への積極的な参画が不可欠である。そのためには，これまで標準とされてきた長時間労働に象徴される男性の働き方を問い直し，男女がともに人間らしく働ける労働のあり方を基準に据えることが重要である。

コラム「職業」

　男女雇用機会均等法は，雇用における男女平等を推進する第一歩となったという点では大きな成果をもたらした。しかし，男女共同参画社会の実現のためには，従来の長時間労働を見直し，人間らしい労働のあり方を実現することが今後の課題として突きつけられている。

表1　男女雇用機会均等法の変遷

	主な内容	1986年の施行時	現在（2015）
男女雇用機会均等法	募集・採用・配置・昇進	企業の努力義務	原則として禁止
	女性のみ・女性優遇	適法	原則として禁止
	間接差別の規定	規定なし	原則として禁止
	制裁	規定なし	企業名の公表
	紛争調停の開始要件	労使双方の同意が必要	一方申請を可とする
	セクハラの規制	規定なし	事業主の措置義務
	ポジティブ・アクション	規定なし	国による援助
	間接差別	規定なし	原則として禁止
	母性健康に必要な措置	規定なし	事業主の措置義務
労基法	女性の時間外勤務	年150時間以内	撤廃
	女性の深夜勤務	就業禁止	撤廃

（注）　厚生労働省「男女雇用機会均等法のあらまし」（http://www.mhlw.go.jp/general/seido/koyou/danjokintou/danjyokoyou.html）を参考に作成。

（松田智子）

コラム12 「職業」

子どもをもつ女性と職業

　子どもをもつ女性が働くには，多くのハードルがある。まずは，子どもが保育所に入れるかどうか。都市部では，子どもを保育所に入れるための「保活」ともいわれる壮絶な闘いがある。国の基準（設備・保育士の人数等）を満たす「認可保育所」の入所選考方法は自治体によって異なるが，就労状況や家庭環境が点数化され，それによって入所の可否が決められる場合が多い。保育所が決まらないと仕事ができないし，仕事が決まらないと保育所に入れない。こうした状況のなかで，やむを得ず仕事を辞める女性は少なくない。

　日本において，共働き世帯数が専業主婦世帯（男性雇用者と無業の妻から成る世帯）数を上回って約20年経つが，共働きといっても，正規雇用の女性が増えたわけではない。労働時間や賃金の男女間格差は大きく，保育所の送迎を担ったり，子どもが病気になった場合に休みを取ったりするのは母親である場合が多い。

　さらに，子どもが保育所に通っている時期よりも，小学校に入ってからの方が働きにくいという声もある。学童保育の整備状況は自治体によって大きく異なり，多くの場合，保育が保障される時間は保育所よりも短くなる。また，物理的な世話（養育）が中心となる保育所時代と違い，子どもの学業成績や進学にも配慮することが求められるように

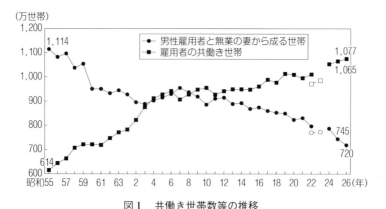

図1　共働き世帯数等の推移

（出所）　内閣府男女共同参画局編『男女共同参画白書　平成27年版』http://www.gender.go.jp/about_danjo/whitepaper/h27/zentai/html/zuhyo/zuhyo01-02-09.html
（2015年12月3日閲覧）

コラム「職業」

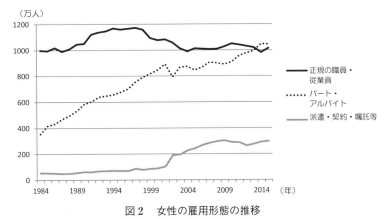

図2　女性の雇用形態の推移
(出所)「労働力調査」をもとに作成。2001年までは2月の値，2002年以降は1～3月の平均値。

なる。さらに，学力だけでなく創造性や意欲，思いやりなどの醸成も家庭の重要な役割とされる。本田（2005）によると，母親たちは，子どもの塾代や高等教育にかかる費用を調達しつつ，家庭での教育役割を果たすため，短時間勤務のかたちで「労働力」化しているのが現実であるという。

　以上のように，「子育て」や「職業」といってもその内実は複雑であり，「子どもをもつ／もたない」や，「有職／無職」という指標だけで男女共同参画の度合いをはかることはできない。また，男女共同参画社会の実現のためには，制度を充実させることも重要であるが，どのような制度が必要かということや，女性がその制度を利用できる状況・立場にあるのかということについて，一人ひとりの女性の声や生き方に寄り添って考える必要があるだろう。

参考文献
筒井淳也（2015）『仕事と家族』中公新書．
本田由紀（2005）『多元化する「能力」と日本社会』NTT出版．

（伏見裕子）

コラム13 「職業」

性別と職業
――職業選択の自由をめぐって――

　かつて看護師は「看護婦さん」，保健師は「保健婦さん」，保育士は「保母さん」と呼ばれていた。職業名に，その職業に就くことの多い，または就くべきだと社会が考える性別を示す漢字が用いられる例は少なくない。一定の専門的資格，職業に付く「士」という字はもともと「成人男性」の意味である。だが，男女共同参画社会の実現にむけて，1999年に保育士，2003年に看護師そして保健師へと名称変更がおこなわれた。

　性別によって就く仕事が分かれることを性別分業といい，法律によって決められることもあれば社会的・経済的状況，文化や伝統が決めることもある。たとえば，前述の看護師と保健師は「保健師助産師看護師法」という法律によって定められているが，同じ法律の改正によって「助産婦」から名称変更された助産師が前者に当たる。他の資格と同様に性別を問わない名称に変更されたにも関わらず，現在でも助産師になることができるのは「女子」だけとされており（同法 3 条），国家資格が性別によって制限される唯一の例となっている。つまり，助産師は今でも全員が「助産婦」なのである。これは「男性助産師に体を触られるのは生理的に嫌」という女性からの声に配慮したからであるが，よく考えてみれば，その理由では同じく出産や分娩に関与し身体に触れることも多い産婦人科医の 8 割近くが男性であることの説明ができないだろう。ここには，専門性の高い職に男性がいることは当然視されながら，ケア（世話）をおこなうのは女性という，私たちのなかにある根強い性別分業観が反映されているのではないだろうか。

　性別分業観は女性の社会的地位にも深く関係している。保育，介護，家事などのケアは，もともと家庭内の女性によって無償で担われてきた（これを無報酬労働（アンペイド・ワーク）という）こともあり，市場における賃労働化が進んでもなお女性が多く賃金も低い傾向がある。

　私たちは，女性の社会進出，労働市場への参入がますます進むなかで，女性がどのような職に就き，またなぜその職を選んだのかという問題を，社会的・文化的な面にも注目しながら複合的に考えていかなければならない。職業選択の自由を謳う現代において，本当に自発的にその仕事を選んだのか，あるいは選ばされているのか，選択肢は公正に開かれていたのか，吟味しなおすことが求められているといえよう。もちろんこれは男性にもいえることである。薄れつつあるとはいえ，ケア以外の賃労働に就くことが多い男性の就職状況において，男性の看護師，保育士，保健師そして主夫が直面する社会的な評価についても考えていかなければならない。

コラム「職業」

参考：日本における職業・資格別の女性初

西暦	職業	名前	備考
1885年	医師	荻野吟子	
1927年	博士	保井コノ	理学博士
1940年	弁護士	久米愛，中田正子，三淵嘉子	
1946年	国会議員	加藤シヅエ，近藤鶴代，園田天光光ら39名	初の男女普通選挙
1949年	裁判官	石渡満子，三淵嘉子	
1949年	検察官	門上チエ子	
1960年	国務大臣	中山マサ	厚生大臣
1985年	宇宙飛行士	向井千秋	1994年に宇宙へ
1991年	市長	北村春江	兵庫県芦屋市長
1993年	国会議長	土井たか子	衆議院議長
1994年	最高裁判所裁判官	高橋久子	
1997年	事務次官	松原亘子	厚生労働事務次官
2000年	都道府県知事	太田房江	大阪府知事

（小林史明）

年表　男女共同参画社会への歩み

年代	国連および国際機関の動き	日本の動き
1945年（昭和20年）	・「国際連合憲章」採択（6月）	・女子教育刷新要綱発表（12月）【大学・専門学校の男女共学】 ・衆議院議員選挙法改正，公布（12月）【女性参政権】
1946年（昭和21年）		・戦後第1回総選挙（4月） ・日本国憲法公布（11月）【男女平等明文化】
1947年（昭和22年）	・第1回国連女性の地位委員会開催（2月）	・教育基本法施行（3月）【教育の機会均等，男女共学】 ・労働基準法施行（9月）【男女同一賃金明文化】 ・刑法改正，施行（11月）【姦通罪廃止】
1948年（昭和23年）	・国連総会「世界人権宣言」採択（12月）（日本は1979年に批准）	・改正民法施行（1月）【家制度の廃止】
1949年（昭和24年）		・第1回婦人週間（4月）
1951年（昭和26年）	・ILO総会「同一価値の労働についての男女労働者に対する同一報酬に関する条約（100号）」採択（6月）（日本は1966年に批准）	・ILO加盟（6月） ・ユネスコ加盟（7月）
1952年（昭和27年）	・国連総会「女性の参政権に関する条約」採択（12月）	
1956年（昭和31年）		・国連加盟（12月）
1957年（昭和32年）	・国連総会「既婚女性の国籍に関する条約」採択（1月）	・売春防止法施行（4月）

年表　男女共同参画社会への歩み

1960年 (昭和35年)	・ユネスコ総会「教育における差別の防止に関する条約」採択（12月）	
1966年 (昭和41年)	・国連総会「国際人権規約」採択（12月） （日本は1979年に批准）	
1967年 (昭和42年)	・国連総会「女性に対する差別の撤廃に関する宣言」採択（11月）	
1972年 (昭和47年)	・国連総会，1975年を「国際女性年」に決定（12月）	・勤労婦人福祉法施行（7月） 【後の男女雇用機会均等法】
1975年 (昭和50年)	・ILO 総会「女性労働者の機会及び待遇の均等を促進するための行動計画」採択（6月） ・国際女性年世界会議「メキシコ宣言及び世界行動計画」採択（6～7月） ・国連総会，1976～1985年の10年間を「国連女性の10年」に決定（12月）	・衆参両院「国際女性年にあたり，女性の社会的地位の向上をはかる決議」採択（6月） ・総理府に「婦人問題企画推進本部」設置，「婦人問題企画推進会議」発足（9月）
1977年 (昭和52年)		・婦人問題企画推進本部「国内行動計画」決定（1月）
1979年 (昭和54年)	・国連総会「女性に対するあらゆる形態の差別の撤廃に関する条約」（女性差別撤廃条約）採択（12月） （日本は1985年に批准）	
1980年 (昭和55年)	・「国連女性の10年」中間年世界会議「国連女性の10年後半期行動プログラム」採択，女性差別撤廃条約署名式開催（7月）	
1981年 (昭和56年)	・ILO 総会「男女労働者特に家族的責任を有する労働者の機会均等及び均等待遇に関する条約（156号）」（家族的責任条約）採択（6月） （日本は1995年に批准）	

183

年		
1985年 (昭和60年)	・「国連女性の10年」ナイロビ世界会議「女性の地位向上のためのナイロビ将来戦略」(ナイロビ将来戦略) 採択 (7月)	・改正国籍法, 改正戸籍法施行 (1月) 【父母両系血統主義採用, 配偶者帰化条件男女同一化】 ・厚生省, 生活保護基準額の男女差解消 (4月)
1986年 (昭和61年)		・男女雇用機会均等法施行 (4月)
1987年 (昭和62年)		・婦人問題企画推進本部「西暦2000年に向けての新国内行動計画」決定 (5月)
1989年 (平成元年)	・国連総会「児童の権利に関する条約」採択 (11月) (日本は1994年に批准)	・新学習指導要領告示 (3月) 【中学・高校での家庭科の男女共修】
1990年 (平成2年)	・国連経済社会理事会「女性の地位向上のためのナイロビ将来戦略に関する第1回見直しと評価に伴う勧告及び結論」(ナイロビ将来戦略勧告) 採択 (5月)	
1991年 (平成3年)		・婦人問題企画推進本部「西暦2000年に向けての新国内行動計画 (第1次改訂)」決定 (5月)
1992年 (平成4年)		・育児休業法施行 (4月) 【男女共通の育児休業制度】 ・婦人問題担当大臣設置 (12月)
1993年 (平成5年)	・国連世界人権会議「ウィーン宣言及び行動計画」採択 (6月) ・国連総会「女性に対する暴力の撤廃に関する宣言」採択 (12月)	

1994年 (平成6年)	・国連国際人口開発会議「カイロ宣言及び行動計画」採択（9月） 【リプロダクティブ・ヘルス／ライツを提起】 ・国連総会，1995年～2004年の10年間を「国連人権教育の10年」に決定（12月）	・高校家庭科男女必修実施（4月） ・総理府に「男女共同参画室」と「男女共同参画審議会」設置（6月） ・総理府に「男女共同参画推進本部」設置（7月）
1995年 (平成7年)	・第4回世界女性会議「北京宣言及び行動綱領」採択（9月）	・改正育児・介護休業法施行（10月，一部1999年4月）
1996年 (平成8年)		・男女共同参画審議会「男女共同参画ビジョン」答申（7月） ・男女共同参画推進本部「男女共同参画2000年プラン」策定（12月）
1999年 (平成11年)		・改正労働基準法施行（4月，一部1998年4月） 【女子保護規定撤廃】 ・改正男女雇用機会均等法施行（4月） ・男女共同参画社会基本法施行（6月）
2000年 (平成12年)	・国連特別総会 女性2000年会議「政治宣言」および「北京宣言及び行動綱領実施のための更なる行動とイニシアティブ」採択（6月）	・ストーカー規制法施行（11月） ・男女共同参画室「男女共同参画基本計画」策定（12月）
2001年 (平成13年)		・内閣府に「男女共同参画局」と「男女共同参画会議」設置（1月） ・配偶者からの暴力の防止及び被害者の保護に関する法律施行（10月） ・改正育児・介護休業法施行（11月，一部2002年4月）

年		
2004年 (平成16年)		・性同一性障害者の性別の取扱いの特例に関する法律施行（7月） ・改正配偶者からの暴力の防止及び被害者の保護に関する法律施行（12月）
2005年 (平成17年)	・第49回国連女性の地位委員会「北京＋10」閣僚級会合開催（2・3月）	・改正育児・介護休業法施行（4月） ・「男女共同参画基本計画（第2次）」策定（12月）
2007年 (平成19年)		・改正男女雇用機会均等法施行（4月） ・「仕事と生活の調和（ワーク・ライフ・バランス）憲章」及び「仕事と生活の調和推進のための行動指針」策定（12月）
2008年 (平成20年)		・改正配偶者からの暴力の防止及び被害者の保護に関する法律施行（1月） ・男女共同参画推進本部「女性の参画加速プログラム」策定（4月）【指導的地位に立つ女性の参画加速のための基礎整備と女性の参画が進んでいない分野（医師・研究者・公務員）への重点的取組】 ・改正性同一性障害者の性別の取扱いの特例に関する法律施行（12月）
2009年 (平成21年)	・日本政府の「女性差別撤廃条約実施状況第6回報告」に対する国連女性差別撤廃委員会の最終見解公表（8月）【婚姻適齢，離婚後の女性の再婚禁止期間，夫婦の氏の選択，非嫡出子等に関する差別的な法規定に対する勧告】	

2010年 (平成22年)	・第54回国連女性の地位委員会「北京＋15」記念会合開催（3月） ・国連グローバル・コンパクト，国連女性開発基金共同作成「女性のエンパワーメント原則（WEPs）」発表（3月）	・改正育児・介護休業法施行（6月，一部2012年7月施行） ・「第3次男女共同参画基本計画」策定（12月）
2011年 (平成23年)	・「ジェンダー平等と女性のエンパワーメントのための国連機関（UN Women）」設立（1月）	・改正外貌の醜状障害に関する障害等級表施行（2月） 【障害等級の男女差の解消】
2013年 (平成25年)		・改正ストーカー規制法一部施行（10月）
2014年 (平成26年)	・第58回国連女性の地位委員会「自然災害におけるジェンダー平等と女性のエンパワーメント」決議採択（3月）	・改正配偶者からの暴力の防止及び被害者の保護等に関する法律施行（1月） ・改正男女雇用機会均等法施行（7月） 【間接差別の範囲拡大，性別による差別事例の追加，セクハラの予防・事後対応の徹底等】
2015年 (平成27年)	・第59回国連女性の地位委員会「北京＋20」開催（3月）	・「第4次男女共同参画基本計画」策定（12月）

（西岡正子作成）

人名索引

アリス，M. 47
市川房枝 35
太田典礼 37
加藤シヅエ 37
グージュ，O. De 52
ケイ，E. 34
サンガー，M. 35
谷本奈穂 80

新妻伊都子 37
平塚らいてう 34
フレイザー，N. 146
ホックシールド，A. 139
山川菊栄 34
山田わか 34
与謝野晶子 34

事項索引

A-Z
AAUW (American Association of University Women) 115, 118
CM 158-164
FTM 9
FTX 9
ILO 第156号条約 131
LGBT 14
MTF 9
MTX 9
M字カーブ 170, 174
sexual identity (SI) →性の自己認識
sexual orientation →性指向／性的指向
The Feminine Mystique → 『新しい女性の創造』

ア行
ア・セクシュアル／エー・セクシュアル 11, 13
愛情 86
愛情表現 146
『新しい女性の創造』 169
跡継ぎ／跡取り 27, 28
アンペイド・ワーク 60, 180
家 24, 27-30
育児意欲 144
育児休業 144
育児疎外感 144
育児不安 141

意識改革 96
異性愛 39
　――主義 13, 14, 15
異性装 9
一家団欒 33
逸失利益 57-66
一夫一婦制 32, 39
インターセックス 4, 13
ウーマンリブ (women's liberation (movement); women's lib) 20, 39
ウェルビーイング 129
産屋 30
産めよ殖やせよ 24
エディプス・コンプレックス 12
エンパワーメント 21, 103, 119
男同士の絆 18
男らしさ 147, 155
女らしさ 155

カ行
皆婚社会 77
外貌醜状 67
家業 27
格差解消 124
学童保育 178
獲得要因 3
家訓 28
家事・育児 138
家事・育児関連時間 138

家事時間　139
家事労働　60-62
家族　82
家族介護　92
家族計画　38
　——運動　38
家族政策　94
家族単位　96
家族的責任　131
勝ち組男性　19
家長　26
学校教育　31, 33
家庭　33, 179
家庭科教育　103, 104
家庭優先　132
稼得責任　143
機会の平等　16, 19
企業戦士　147
記号　153-156
帰宅時間　142
逆差別　69
教育　32
教育環境説　7
教育の男女格差解消（gender parity）　100, 123
共同体　25, 30
近代　77
近代家族　145
近代国家　24, 31
近代社会　14
ケア　180
ゲイ・リブ　20
経済的依存者　145
経済的自立　130
経済的扶養者　145
経済の低成長期　83
ケガレ　30
血縁　28
結果の不平等　16
月経　30
結婚　28
結婚難　83
強姦罪　52-57

強姦神話　56
合計特殊出生率　39
広告　157, 159
公娼性　32
構築主義　8, 12
公的介護保険制度　92
公的福祉　96
高等女学校　33
高度経済成長　77
高齢者介護　92
高齢者虐待　93
コース別採用　63
国民優生法　36
個人化　78
個人時間　137
個人単位　96
「個人的なことは政治的なことである」　40
戸籍制度　32
子育て　24, 27
　——書　28
子育て世代　136
壽産院事件　37
寿退社　63
子どもと離れる時間　142
子どもの貧困　91
コノテーション　154
コミュニケーション行動　81, 86
雇用政策　129
婚姻届　81
婚外子　80

サ行
ザル法　176
産育習俗　30
三歳児神話　16, 39, 141
産児調節（産児制限）　35
産婆　25, 31
産婆規則　31
産婆免許制度　31
シェアハウス　95
ジェンダー（gender）　1, 76
ジェンダー・アイデンティティ　146
ジェンダー規範　81

ジェンダー・ギャップ 140
　――指数（GGI）100, 172
ジェンダー・ステレオタイプ 160, 161
ジェンダー・バイアス 109, 110, 160, 164
ジェンダー平等（gender equality）100, 110
　――教育 120, 123
ジェンダーフリー 71
　――教育 118
　――・バッシング 20
時間確保 130
自己嫌悪 17
仕事と生活の調和　→ワーク・ライフ・バランス
仕事優先 131
事実婚 80
シチュエーション・コメディ 158
実子主義 31
社会生活基本調査 135
終身雇用制 145
就労継続型 84
受胎調節 38
　――実施指導員制度 38
出産 30
出生前診断 42
出生率 27, 32, 36
出自を知る権利 42
出生制限 24, 25
衆道 18
主夫 180
生涯シングル 83
少子化 39
少子化政策 129
情緒的絆 86
生類憐れみの令 26
職業選択 69
　――の自由 180
職業的責任 131
職場風土 135, 144
職場文化 144
女子オリンピック大会 47
女子特性論 105
女子保護規定 176
女性解放 34

女性解放運動 20
女性嫌悪 1, 16, 17, 18, 20
女性差別撤廃条約 20, 101, 103, 106
女性参政権 20
女性同性愛者 10
女性労働の家族依存モデル 145
人権 51
人工授精 41
人口政策確立要綱 36
人工妊娠中絶 37, 38
人口問題研究会 37, 38
人生目標 147
新婦人協会 35
スウェーデン 81
捨て子 24
ステレオタイプ化 109, 110
性アイデンティティ 6
性決定遺伝子 3
性差別 51
性指向／性的指向 10, 14
性自認 6
生殖 24
生殖技術 41
性染色体 3
性的自由 53, 56
性的少数者 13
『青鞜』34
性同一性障害 8, 9, 49, 70
性同一性障害の性別の取扱いの特例に関する法律 50, 70-71
生得要因 3
性の自己決定権／性的自己決定権 41, 53
性の自己認識 6, 7, 14
性病 32
生物学的性別 2, 3, 13, 14
性分化疾患 5
性別違和 8, 9
性別特性論 103
性別分業 130, 180
性別役割意識 63
性別役割分業 1, 15, 16, 33, 39, 111
性別役割分業家族 78
性別役割分担意識 102

固定的―― 119
性暴力 52-57
生理的時間 137
世界行動計画 101, 108
セカンド・シフト 139
セカンドレイプ 57
セクシュアリティ 10
セクシュアル・ハラスメント 17, 176
世俗外禁欲 15
世俗内禁欲 15
世帯構成 91
セックス（sex） 2, 13
専業主婦 60-62, 141, 178
総ケア提供モデル 146
総実労働時間 133
相対的貧困 91

タ行
第一次世界大戦 35
体外受精 42
胎児 26
大正デモクラシー 34
第二次世界大戦 36
代理出産 42
堕胎 24
　　――罪 31, 37
　　ヤミ―― 36
ダブル・スタンダード（二重基準） 34
多様な選択 130
男子・男性問題 21
短時間勤務 179
男女共修 107
男女共同参画2000年プラン 102
男女共同参画社会 43, 96, 105, 111, 153, 164, 170, 171, 180
男女共同参画社会基本法 20, 171, 176
男女共同参画社会形成 102
男色 18
男女雇用機会均等法 20, 51, 176
男女差別禁止 176
男女平等教育 120
男性愛主義 1
男性介護者 94

男性解放運動（メンズ・リブ） 21
「男性稼ぎ主」 133
　　――モデル 90
男性中心社会 1, 15
男性同性愛者 10
男性の働き方 176
男性優位社会 15
単独世帯 91
父親 25
乳／母乳 25, 26
着床前診断 42
中断―再就職型 84
長時間労働 134, 135, 177
賃金 174
賃金格差 63, 65, 90
通過儀礼 27, 30
『妻たちの思秋期』 86
貞操 55
貞操観念 56-57
デノテーション 154
伝統的性別役割 115, 116
同棲 80
同性愛 13, 95
同性愛嫌悪 1, 10, 20, 21
同性婚 71
ドメスティック・バイオレンス 17
共働き 178
トランス・ジェンダー 8, 13
トランス・セクシュアル 9
トリアゲジイサン 30
トリアゲバアサン 30

ナ行
日本国憲法 51
乳（幼）児死亡率 25
妊娠 25
年功序列賃金制 145
年齢階級別女性労働力率 170, 171
脳の性別異常仮説 11
脳の性別説 6, 7

ハ行
廃娼運動 32

バックラッシュ 20
母親 24
晩婚化 83
非正規雇用 174
　　――者 84
ひとり親 88
　　――世帯 88, 91
ひとりでいる時間 142
避妊 38
標準世帯 91, 94
夫婦関係 86
夫婦別姓 71
フェチシズム 11, 13
フェミニズム 19, 55
　第1波―― 19, 34
　第2波―― 20, 40
　ラディカル・―― 20
　リベラル・―― 19
富国強兵 31
父子世帯 88
婦人参政権 35
不妊 41
不妊手術 37
フランス人権宣言 52
フルタイム男性雇用者 135
分娩介助 30
平日労働時間 135
保育所 178
　認可―― 178
法律婚 81
ホーム 33
ホームドラマ 158
保活 178
母子カプセル 141
母子世帯 88
母性 34
母性神話 16
母性保護 34
　　――論争 34
母体保護法 41
本質主義 11

マ行
負け組男性 19
間引き 24
見合い結婚 88
三行半 28
未婚率 83
ミソジニー（misogyny）→女性嫌悪
無償労働 128
無報酬労働 →アンペイド・ワーク
明治政府 31
妾 32
メディア 153, 156-159, 165-167
メディア・リテラシー 167

ヤ行
有償労働 128
優生学 35
優生思想 35, 38
優生保護法 36
　'82――改悪阻止連絡会（阻止連） 41
養育 27, 178
養子 28
余暇時間 137

ラ・ワ行
ライフコース 76, 84
ライフスタイル 94
卵子提供 42
離婚 28, 87
離婚率 86
良妻賢母 32
両性愛 10, 13
両性の平等 70
両立支援 129
恋愛結婚 77
労災 66
労働時間 133
労働者災害補償保険 →労災
労働生産性 134
ロマンティックラブ・イデオロギー 77
ワーク・ライフ・バランス 128

編著者紹介

西岡正子（にしおか・しょうこ）
　京都府立大学文学部卒業。アメリカ合衆国州立インディアナ大学大学院教育学研究科成人教育学専攻修士課程修了。オハイオ州立大学大学院教育学研究科にて成人教育学専攻の後，同大学国際研究室研究員。カナダカルガリー大学大学院教育学研究科客員教授，佛教大学教育学部教授。
　現在　佛教大学名誉教授
　主著　『生涯学習の創造――アンドラゴジーの視点から』ナカニシヤ出版，2000年
　　　　『新しい時代の生涯学習　第3版』（共著），有斐閣，2018年
　　　　『生涯学習時代の生徒指導・キャリア教育』（共編）教育出版，2013年
　　　　『成長と変容の生涯学習』ミネルヴァ書房，2014年　ほか

　　　　　　　　　　　　未来をひらく男女共同参画
　　　　　　　　　　　　――ジェンダーの視点から――

　2016年4月25日　初版第1刷発行　　　　　　　（検印省略）
　2021年9月30日　初版第2刷発行
　　　　　　　　　　　　　　　　　　　　　　定価はカバーに
　　　　　　　　　　　　　　　　　　　　　　表示しています

　　　　　　　　　　編著者　　西　岡　正　子
　　　　　　　　　　発行者　　杉　田　啓　三
　　　　　　　　　　印刷者　　江　戸　孝　典
　　　　　　　　　発行所　株式会社　ミネルヴァ書房
　　　　　　　　　　607-8494 京都市山科区日ノ岡堤谷町1
　　　　　　　　　　電話代表（075）581-5191
　　　　　　　　　　振替口座 01020-0-8076

　　　© 西岡正子ほか，2016　　　共同印刷工業・藤沢製本
　　　　　　ISBN978-4-623-07564-5
　　　　　　　　Printed in Japan

キーコンセプト 社会学
ジョン・スコット編著　白石真生・栃澤健史・内海博文監訳
四六判 376頁 本体4500円

●イギリス社会学の泰斗ジョン・スコットによる現在の社会学を学ぶ上での重要なキー概念を網羅した一冊。日本の読者に向けて，50音順に配列し，68の概念を解説する。社会学を学ぶ者の座右に相応しい書。

成長と変容の生涯学習
西岡正子著　A5判 224頁 本体2400円

●生涯学習の理念と意義を正しく解釈し，わかりやすく解説する。生涯学習先進国アメリカの理論と事例に学びながら，日本社会での展開と支援の実際について課題を考察，生涯学習社会への展望を示す。

アクティブラーニングで学ぶジェンダー
青野篤子編著　B5判 218頁 本体2800円

●ジェンダーという概念を理解し，ジェンダーを読み解く力と現代社会を生き抜く力を身につけるために役立つテキスト。各章は，解説と実習（学習者自身が体験・実施する）から成り，現代社会においてとくに重要なテーマをとりあげる。

ライフコースからみた女性学・男性学
乙部由子著　A5判 194頁 本体2500円

●女性にとって働くということは，ライフコースのなかでも重要な事項のひとつである。本書は，ジェンダーの視点からみた「女性・男性労働」の問題を最新の法律等の情報を盛り込みながらわかりやすく解説する。「女性・男性労働」を大きなキーワードとし，隣接領域（分野）と関連させたテキスト。

「少年」「少女」の誕生
今田絵里香著　A5判 520頁 本体4000円

●「少年」「少女」に関する知はどのように作られ，またなぜ作られたのか。『日本少年』『少女の友』をはじめとする少年少女雑誌を詳細に分析し，少年少女雑誌における「少年」「少女」の誕生と変遷を明らかにする。少年少女向けのメディアを比較分析する全Ⅲ部構成で，少年少女小説，伝記，少年少女詩，抒情画，通信欄・文芸欄などを丁寧に読み解きながら，時代による変化をはじめ，媒体による差異，その繊細なせめぎあいを描き出す。

ミネルヴァ書房
https://www.minervashobo.co.jp/